BESTACTIVITYBOOKS.COM

ERSTE AUSGABE - Veröffentlicht 2022

Extra Grafikmaterial von: www.freepik.com
Dank an: Alekksall, Starline, Pch.vector, Rawpixel.com, Vectorpocket, Dgim-studio, Upklyak, Macrovector, Stockgiu, Pikisuperstar & Freepik.com Designers

5 TIPPS FÜR DEN ANFANG!

1) LÖSUNG DER RÄTSEL

Die Puzzles haben ein klassisches Format :

- Die Wörter sind ohne Abstand, Bindetrich usw… versteckt
- Richtung : vor-& rückwärts, auf & ab oder in der Diagonale (beider Richtungen)
- Die Wörter können übereinanderliegen oder sich kreuzen

2) AKTIVES LERNEN

Neben jedem Wort ist ein Abstand vorgesehen zum Aufschreiben der Übersetzung. Um ihre Kenntnisse zu überprüfen und zu erweitern befindet sich am Ende des Buches ein **WÖRTERBUCH**. Suchen sie die Übersetzungen, schreiben sie sie auf, dann können sie sie in den. Puzzles suchen und ihrem Wortschatz hinzufügen.

3) ANZEICHNUNG DER WÖRTER

Haben sie schon einmal versucht eine Anzeichnung zu verwenden? Sie könnten zum Beispiel die Wörter, die schwer zu finden sind, ankreuzen, die Wörter, die sie lieben, mit einem Stern, neue Wörter mit einem Dreieck, seltene Wörter mit einem Diamant usw … anzeichnen

4) IHR LERNEN ORGANISIEREN

Am Ende dieser Ausgabe bieten wir auch ein praktisches **NOTIZBUCH** an. Ob im Urlaub, auf Reisen oder zu Hause, sie können ihr neues Wissen ganz einfach organisieren, ohne ein zweites Notizbuch zu benötigen!

5) SIND SIE AM SCHLUSS ?

Gehen sie zum Bonusbereich : **MONSTER-HERAUSFÖRDERUNG,** um ein kostenloses Spiel zu finden, das am Ende dieser Ausgabe angeboten wird !

Lust auf mehr Spaß und Lernaktivitäten? Schnell und einfach :
eine ganze Spielbuchsammlung mit einem einzigen Klick erhaltbar :

Mit diesem Link finden sie ihre nächste Herausforderung :

BestActivityBooks.com/MeineNachsteWortsuche

Achtung, fertig, ... Los !!

Wussten sie, dass es auf der Welt ungefähr 7.000 verschiedene Sprachen gibt ? Wörter sind kostbar.

Wie lieben Sprachen und haben schwer daran gearbeitet, die Bücher von höchster Qualität für sie zu entwerfen. Unsere Zutaten ?

Eine Auswahl von angepassten Lernthemen, drei große Scheiben Spaß, dann fügen wir einen Löffel schwieriger Wörter und eine Prise seltener Wörter hinzu. Wir servieren sie mit Sorgfalt und ein Maximum an Freude, damit sie die besten Wortspiele lösen und Spaß am Lernen haben.

Ihre Meinung ist wichtig. Sie können aktiv zum Erfolg dieses Buches beitragen, indem sie uns eine Bemerkung hinterlassen. Sagen sie uns, was ihnen an dieser Ausgabe am besten gefallen hat !!

Hier ist ein kurzer Link, der sie zu ihrer Bewertungsseite führt

BestBooksActivity.com/Rezension50

Vielen Dank für ihre Hilfe und viel Spaß

Linguas Classics

1 - Gesundheit und Wellness #2

Μ	Ξ	Ί	Κ	Ί	Ψ	Γ	Ε	Σ	Ζ	Π	Δ	Α	Ν
Η	Ό	Ψ	Υ	Ο	Ί	Η	Ω	Χ	Υ	Ί	Ι	Ω	Ε
Μ	Ι	Λ	Δ	Ή	Ι	Γ	Υ	Ε	Γ	Ε	Α	Α	Ν
Α	Ο	Ρ	Υ	Α	Ω	Μ	Τ	Μ	Ί	Σ	Τ	Ι	Ο
Σ	Ν	Ψ	Ω	Ν	Α	Σ	Ά	Ξ	Ζ	Η	Ρ	Τ	Σ
Ά	Υ	Β	Γ	Σ	Σ	Γ	Ξ	Μ	Ω	Α	Ο	Σ	Ο
Ζ	Δ	Ή	Κ	Ι	Τ	Η	Λ	Θ	Α	Ν	Φ	Ώ	Κ
Ε	Ν	Έ	Ρ	Γ	Ε	Ι	Α	Ξ	Ι	Ι	Ή	Ρ	Ο
Ι	Ί	Ό	Ρ	Ε	Ξ	Η	Έ	Α	Σ	Δ	Έ	Ρ	Μ
Γ	Κ	Ξ	Υ	Ρ	Α	Ν	Α	Τ	Ο	Μ	Ί	Α	Ε
Σ	Λ	Χ	Η	Ν	Ί	Μ	Α	Τ	Ι	Β	Γ	Ω	Ί
Σ	Έ	Ψ	Γ	Ν	Α	Δ	Ί	Μ	Ρ	Ε	Θ	Ψ	Ο
Α	Λ	Λ	Ε	Ρ	Γ	Ί	Α	Α	Ε	Ρ	Ω	Γ	Χ
Γ	Ε	Ν	Ε	Τ	Ι	Κ	Ή	Ν	Ι	Ε	Ι	Γ	Υ

ΑΛΛΕΡΓΊΑ
ΑΝΑΤΟΜΊΑ
ΌΡΕΞΗ
ΑΊΜΑ
ΔΙΑΤΡΟΦΉ
ΕΝΈΡΓΕΙΑ
ΓΕΝΕΤΙΚΉ
ΥΓΙΉ
ΖΥΓΊΖΩ
ΥΓΙΕΙΝΉ
ΜΌΛΥΝΣΗ
ΘΕΡΜΊΔΑ
ΝΟΣΟΚΟΜΕΊΟ
ΑΡΡΏΣΤΙΑ
ΜΑΣΆΖ
ΚΊΝΔΥΝΟΙ
ΚΟΙΜΆΜΑΙ
ΑΘΛΗΤΙΚΉ
ΠΊΕΣΗ
ΒΙΤΑΜΊΝΗ

2 - Ozean

Σ	Κ	Α	Ρ	Χ	Α	Ρ	Ί	Α	Σ	Μ	Υ	Κ	Π
Ο	Τ	Κ	Ύ	Μ	Α	Τ	Α	Ρ	Β	Έ	Β	Α	Α
Ν	Έ	Ρ	Μ	Ι	Λ	Έ	Χ	Α	Σ	Δ	Κ	Τ	Λ
Ό	Ξ	Ψ	Ε	Ν	Δ	Π	Ε	Ξ	Ί	Ο	Α	Α	Ί
Τ	Ε	Μ	Έ	Ί	Η	Α	Ί	Ε	Ω	Υ	Β	Ι	Ρ
Α	Ί	Ω	Σ	Φ	Δ	Δ	Χ	Ψ	Τ	Σ	Ο	Γ	Ρ
Φ	Β	Ο	Ω	Λ	Δ	Ι	Έ	Ε	Η	Ε	Ύ	Ί	Ο
Κ	Ά	Ί	Ί	Ε	Ί	Τ	Λ	Υ	Λ	Σ	Ρ	Δ	Ι
Ο	Π	Λ	Ψ	Δ	Γ	Ά	Υ	Σ	Δ	Ώ	Ι	Α	Α
Ρ	Σ	Ξ	Α	Ω	Α	Λ	Ψ	Ά	Ρ	Ι	Ν	Ω	Ξ
Ά	Υ	Χ	Ρ	Ι	Η	Α	Α	Α	Δ	Ί	Ρ	Α	Γ
Λ	Γ	Έ	Έ	Λ	Ν	Χ	Τ	Α	Π	Ό	Δ	Ι	Τ
Λ	Ρ	Π	Ξ	Ψ	Τ	Α	Κ	Ρ	Ά	Β	Ν	Ν	Ε
Ι	Α	Ν	Υ	Χ	Σ	Φ	Ο	Υ	Γ	Γ	Ά	Ρ	Ι

ΧΈΛΙ
ΣΤΡΕΊΔΙ
ΒΆΡΚΑ
ΔΕΛΦΊΝΙ
ΨΆΡΙ
ΓΑΡΊΔΑ
ΠΑΛΊΡΡΟΙΑ
ΚΑΡΧΑΡΊΑΣ
ΚΟΡΆΛΛΙ
ΚΑΒΟΎΡΙ
ΧΤΑΠΌΔΙ
ΜΈΔΟΥΣΕΣ
ΞΈΡΑ
ΑΛΆΤΙ
ΧΕΛΏΝΑ
ΣΦΟΥΓΓΆΡΙ
ΚΑΤΑΙΓΊΔΑ
ΤΌΝΟΣ
ΦΆΛΑΙΝΑ
ΚΎΜΑΤΑ

3 - Meditation

Ε	Υ	Τ	Υ	Χ	Ί	Α	Υ	Ε	Α	Μ	Τ	Γ	Κ
Δ	Ί	Α	Τ	Ν	Β	Ί	Ε	Ι	Ρ	Ή	Ν	Η	Α
Ι	Σ	Π	Β	Χ	Π	Μ	Μ	Ι	Ε	Κ	Σ	Ν	Λ
Ο	Ι	Ο	Σ	Α	Η	Ε	Ν	Ι	Ρ	Ι	Υ	Ύ	Ο
Ρ	Ω	Δ	Χ	Η	Ή	Ρ	Σ	Π	Υ	Σ	Μ	Σ	Σ
Α	Π	Ο	Λ	Γ	Ο	Η	Σ	Ύ	Φ	Υ	Π	Ο	Ύ
Τ	Ή	Χ	Κ	Ί	Ν	Η	Σ	Η	Ω	Ο	Ό	Μ	Ν
Ι	Μ	Ή	Γ	Υ	Π	Π	Τ	Ο	Χ	Μ	Ν	Ω	Η
Κ	Σ	Υ	Ρ	Η	Α	Ψ	Ρ	Ρ	Ο	Σ	Ι	Ν	Ψ
Ό	Υ	Τ	Α	Ρ	Ν	Ν	Υ	Ο	Ι	Δ	Α	Γ	Έ
Τ	Ί	Τ	Λ	Λ	Α	Δ	Ρ	Χ	Σ	Γ	Ψ	Υ	Κ
Η	Δ	Ψ	Έ	Λ	Ό	Τ	Υ	Ί	Ι	Ο	Έ	Ε	Σ
Τ	Π	Ρ	Ο	Ο	Π	Τ	Ι	Κ	Ή	Κ	Χ	Ί	Γ
Α	Ι	Ε	Ν	Ή	Φ	Α	Σ	Ρ	Ψ	Ν	Ή	Ή	Υ

ΑΠΟΔΟΧΉ
ΑΝΑΠΝΟΉ
ΠΡΟΣΟΧΉ
ΚΊΝΗΣΗ
ΕΥΓΝΩΜΟΣΎΝΗ
ΔΙΟΡΑΤΙΚΌΤΗΤΑ
ΚΑΛΟΣΎΝΗ
ΕΙΡΉΝΗ
ΣΚΈΨΗ
ΨΥΧΙΚΉ
ΕΥΤΥΧΊΑ
ΣΑΦΉΝΕΙΑ
ΣΥΜΠΌΝΙΑ
ΜΟΥΣΙΚΉ
ΦΎΣΗ
ΠΡΟΟΠΤΙΚΉ
ΗΡΕΜΊΑ
ΣΙΩΠΉ
ΜΥΑΛΌ

4 - Archäologie

Α	Τ	Η	Τ	Ό	Ι	Α	Χ	Ρ	Α	Η	Α	Τ	Λ
Ξ	Π	Ε	Ψ	Ω	Τ	Δ	Γ	Έ	Α	Σ	Ξ	Ψ	Ξ
Ά	Λ	Ό	Ρ	Π	Έ	Μ	Ί	Ί	Ω	Υ	Ι	Α	Α
Ξ	Γ	Υ	Γ	Ε	Α	Μ	Ω	Θ	Ί	Λ	Ο	Π	Α
Ε	Μ	Ν	Ξ	Ο	Υ	Ο	Ί	Ε	Ρ	Ά	Λ	Μ	Ε
Χ	Υ	Ν	Ω	Μ	Ν	Ν	Ψ	Ρ	Ν	Ν	Ό	Ν	Π
Α	Σ	Ί	Η	Σ	Ά	Ο	Η	Δ	Υ	Α	Γ	Ή	Ο
Σ	Τ	Σ	Ψ	Έ	Τ	Γ	Σ	Τ	Α	Ο	Η	Μ	Χ
Μ	Ή	Σ	Ί	Έ	Σ	Ο	Σ	Δ	Ή	Υ	Σ	Α	Ή
Έ	Ρ	Υ	Ψ	Ε	Ο	Β	Σ	Ψ	Ο	Σ	Η	Υ	Π
Ν	Ι	Ν	Ξ	Μ	Ρ	Ν	Α	Β	Ο	Μ	Ά	Δ	Α
Ο	Ο	Α	Α	Ν	Τ	Ι	Κ	Ε	Ί	Μ	Ε	Ν	Α
Α	Ρ	Ό	Δ	Ι	Κ	Α	Θ	Η	Γ	Η	Τ	Ή	Σ
Λ	Ε	Ί	Ψ	Α	Ν	Ο	Τ	Χ	Μ	Ρ	Τ	Ξ	Λ

ΑΝΆΛΥΣΗ
ΑΡΧΑΙΌΤΗΤΑ
ΑΞΙΟΛΌΓΗΣΗ
ΕΠΟΧΉ
ΕΡΕΥΝΗΤΉΣ
ΑΠΟΛΊΘΩΜΑ
ΜΥΣΤΉΡΙΟ
ΜΝΉΜΑ
ΟΣΤΆ
ΟΜΆΔΑ
ΑΠΌΓΟΝΟΣ
ΑΝΤΙΚΕΊΜΕΝΑ
ΚΑΘΗΓΗΤΉΣ
ΛΕΊΨΑΝΟ
ΝΑΌ
ΆΓΝΩΣΤΟΣ
ΞΕΧΑΣΜΈΝΟ

5 - Gesundheit und Wellness #1

Σ	Ο	Ψ	Υ	Ι	Υ	Θ	Ε	Ρ	Α	Π	Ε	Ί	Α
Σ	Τ	Κ	Γ	Α	Σ	Δ	Ι	Δ	Ά	Κ	Τ	Ω	Ρ
Υ	Σ	Ά	Λ	Κ	Ά	Τ	Α	Γ	Μ	Α	Ω	Ο	Ο
Μ	Ό	Ο	Σ	Ι	Ι	Α	Τ	Ρ	Ι	Κ	Ή	Ρ	Σ
Π	Μ	Λ	Β	Η	Ν	Λ	Ω	Υ	Α	Έ	Α	Μ	Τ
Λ	Σ	Ι	Ι	Α	Σ	Ι	Δ	Έ	Ρ	Μ	Α	Ό	Ά
Η	Ι	Υ	Δ	Ι	Δ	Σ	Κ	Γ	Λ	Ί	Ρ	Ν	Τ
Ρ	Τ	Ε	Ν	Ρ	Ω	Ξ	Γ	Ή	Μ	Τ	Ύ	Η	Ε
Ώ	Α	Ν	Ε	Ή	Φ	Α	Ρ	Μ	Α	Κ	Ε	Ί	Ο
Μ	Μ	Ε	Λ	Τ	Θ	Ε	Έ	Γ	Ν	Ο	Ν	Α	Ε
Α	Υ	Ρ	Σ	Κ	Ρ	Ε	Σ	Ο	Ί	Χ	Ε	Γ	Η
Τ	Α	Γ	Ω	Α	Σ	Ε	Ι	Π	Ε	Ε	Λ	Ο	Α
Α	Ρ	Ή	Μ	Β	Ο	Π	Ξ	Α	Π	Ι	Ό	Σ	Σ
Δ	Τ	Α	Β	Χ	Α	Λ	Ά	Ρ	Ω	Σ	Η	Μ	Μ

ΕΝΕΡΓΉ
ΦΑΡΜΑΚΕΊΟ
ΔΙΔΆΚΤΩΡ
ΒΑΚΤΉΡΙΑ
ΧΑΛΆΡΩΣΗ
ΣΥΜΠΛΗΡΏΜΑΤΑ
ΚΆΤΑΓΜΑ
ΣΥΝΉΘΕΙΑ
ΣΤΆΣΗ
ΔΈΡΜΑ
ΟΡΜΌΝΗ
ΥΨΟΣ
ΠΕΊΝΑ
ΚΛΙΝΙΚΉ
ΟΣΤΆ
ΙΑΤΡΙΚΉ
ΝΕΎΡΑ
ΘΕΡΑΠΕΊΑ
ΤΡΑΥΜΑΤΙΣΜΌ
ΊΟΣ

6 - Obst

Π	Β	Β	Ι	Κ	Ε	Ρ	Ά	Σ	Ι	Γ	Ι	Ψ	Β
Β	Ο	Ι	Δ	Ί	Ν	Ι	Τ	Κ	Α	Β	Ί	Ξ	Η
Ε	Τ	Ρ	Ν	Ε	Κ	Τ	Α	Ρ	Ί	Ν	Ι	Ε	Β
Ρ	Ν	Σ	Τ	Μ	Ή	Λ	Ο	Ο	Π	Ί	Έ	Ά	Η
Ί	Ά	Π	Ο	Ο	Δ	Α	Μ	Ά	Σ	Κ	Η	Ν	Ο
Κ	Κ	Τ	Ε	Μ	Κ	Έ	Α	Ρ	Χ	Ν	Ι	Α	Β
Ο	Ο	Ξ	Ε	Π	Έ	Ά	Ψ	Χ	Ί	Β	Ν	Ν	Α
Κ	Β	Ο	Η	Μ	Ό	Έ	Λ	Σ	Λ	Σ	Γ	Α	Τ
Ο	Α	Υ	Π	Ξ	Ψ	Ν	Έ	Ι	Ί	Ά	Ί	Ψ	Ό
Σ	Τ	Α	Φ	Ύ	Λ	Ι	Ι	Ε	Σ	Έ	Δ	Ι	Μ
Ε	Δ	Η	Ψ	Τ	Μ	Ο	Ύ	Ρ	Ο	Έ	Λ	Ι	Ο
Γ	Κ	Ρ	Έ	Ι	Π	Φ	Ρ	Ο	Υ	Τ	Ν	Χ	Υ
Κ	Α	Ρ	Ύ	Δ	Α	Ι	Γ	Ά	Π	Α	Π	Ρ	Ρ
Ρ	Ο	Δ	Ά	Κ	Ι	Ν	Ο	Έ	Τ	Ε	Ω	Σ	Ο

ΑΝΑΝΆ
ΜΉΛΟ
ΒΕΡΊΚΟΚΟ
ΑΒΟΚΆΝΤΟ
ΜΟΎΡΟ
ΑΧΛΆΔΙ
ΓΚΡΈΙΠΦΡΟΥΤ
ΒΑΤΌΜΟΥΡΟ
ΚΕΡΆΣΙ
ΑΚΤΙΝΊΔΙΟ
ΚΑΡΎΔΑ
ΠΕΠΌΝΙ
ΝΕΚΤΑΡΊΝΙ
ΠΟΡΤΟΚΆΛΙ
ΠΑΠΆΓΙΑ
ΡΟΔΆΚΙΝΟ
ΔΑΜΆΣΚΗΝΟ
ΣΤΑΦΎΛΙ

7 - Universum

Τ	Δ	Γ	Γ	Υ	Έ	Η	Ι	Τ	Α	Β	Ί	Φ	Γ
Ο	Ρ	Β	Ί	Μ	Σ	Μ	Λ	Γ	Ί	Τ	Β	Ε	Α
Υ	Ι	Ο	Ω	Ο	Ν	Δ	Ω	Ι	Ρ	Τ	Η	Γ	Λ
Ρ	Ο	Α	Χ	Ί	Η	Η	Δ	Ο	Α	Ί	Ο	Γ	Α
Ά	Ι	Λ	Μ	Ι	Ζ	Ώ	Δ	Ι	Ο	Κ	Δ	Ά	Ξ
Ν	Ρ	Α	Γ	Λ	Ά	Μ	Η	Λ	Δ	Ί	Ή	Ρ	Ί
Ι	Ί	Ό	Κ	Ι	Φ	Α	Ρ	Γ	Ω	Ε	Γ	Ι	Α
Ο	Α	Τ	Ν	Ο	Ζ	Ί	Ρ	Ο	Ο	Έ	Έ	Ρ	Σ
Δ	Φ	Υ	Π	Ί	Σ	Σ	Κ	Ο	Τ	Ά	Δ	Ι	Π
Ρ	Σ	Ν	Έ	Α	Ί	Μ	Ο	Ν	Ο	Ρ	Τ	Σ	Α
Ο	Ι	Σ	Ά	Τ	Σ	Ο	Ι	Λ	Η	Υ	Α	Ω	Ω
Λ	Μ	Γ	Ο	Ρ	Α	Τ	Ή	Κ	Ι	Ί	Ί	Ν	Ψ
Β	Η	Ο	Υ	Ρ	Α	Ν	Ό	Σ	Ή	Π	Τ	Γ	Έ
Α	Σ	Τ	Ε	Ρ	Ο	Ε	Ι	Δ	Ή	Σ	Ρ	Ι	Τ

ΑΣΤΕΡΟΕΙΔΉΣ
ΑΣΤΡΟΝΟΜΊΑ
ΣΚΟΤΆΔΙ
ΓΑΛΑΞΊΑΣ
ΗΜΙΣΦΑΊΡΙΟ
ΟΥΡΑΝΌΣ
ΟΥΡΆΝΙΟ
ΟΡΊΖΟΝΤΑ
ΚΟΣΜΙΚΉ
ΓΕΩΓΡΑΦΙΚΌ
ΦΕΓΓΆΡΙ
ΤΡΟΧΙΆ
ΟΡΑΤΉ
ΗΛΙΑΚΉ
ΗΛΙΟΣΤΆΣΙΟ
ΖΏΔΙΟ

8 - Camping

Β	Δ	Ο	Δ	Ι	Α	Σ	Κ	Έ	Δ	Α	Σ	Η	Ξ
Γ	Ο	Π	Α	Χ	Γ	Έ	Α	Ψ	Μ	Ι	Χ	Ι	Ψ
Ρ	Λ	Υ	Σ	Σ	Μ	Η	Β	Ξ	Υ	Ν	Ά	Π	Γ
Π	Έ	Ψ	Ν	Α	Ι	Ε	Τ	Έ	Π	Ι	Ρ	Ε	Π
Λ	Π	Ω	Ν	Ό	Έ	Ν	Τ	Ο	Μ	Ο	Τ	Ι	Γ
Ξ	Α	Έ	Λ	Α	Α	Ο	Ε	Ν	Ή	Ν	Η	Κ	Σ
Ι	Κ	Α	Κ	Υ	Ν	Ή	Γ	Ι	Κ	Α	Ν	Ό	Ν
Φ	Ω	Τ	Ι	Ά	Φ	Δ	Γ	Σ	Α	Ε	Τ	Ο	Υ
Α	Λ	Φ	Ρ	Σ	Ύ	Τ	Α	Ν	Ί	Π	Μ	Α	Κ
Ι	Ί	Α	Ά	Χ	Σ	Λ	Δ	Σ	Ε	Γ	Ρ	Ώ	Έ
Ώ	Μ	Ν	Γ	Ο	Η	Γ	Ί	Α	Ο	Ξ	Ψ	Ζ	Λ
Ρ	Ν	Ά	Γ	Ι	Β	Έ	Ξ	Ί	Ν	Σ	Λ	Μ	Ν
Α	Η	Ρ	Ε	Ν	Λ	Ω	Υ	Δ	Β	Υ	Υ	Ι	Έ
Π	Ω	Ι	Φ	Ί	Η	Π	Π	Λ	Β	Η	Τ	Τ	Ν

ΠΕΡΙΠΈΤΕΙΑ
ΒΟΥΝΌ
ΦΩΤΙΆ
ΑΙΏΡΑ
ΚΑΠΈΛΟ
ΈΝΤΟΜΟ
ΚΥΝΉΓΙ
ΚΑΜΠΊΝΑ
ΚΑΝΌ
ΧΆΡΤΗ
ΠΥΞΊΔΑ
ΦΑΝΆΡΙ
ΦΕΓΓΆΡΙ
ΦΎΣΗ
ΛΊΜΝΗ
ΣΧΟΙΝΊ
ΔΙΑΣΚΈΔΑΣΗ
ΖΏΑ
ΔΑΣΟΣ
ΣΚΗΝΉ

9 - Zeit

Ω	Ο	Λ	Ι	Π	Υ	Ω	Π	Μ	Υ	Ν	Σ	Έ	Ε
Ρ	Δ	Ν	Α	Τ	Ι	Έ	Ξ	Ε	Ω	Ο	Ή	Ί	Τ
Ο	Δ	Ο	Ί	Τ	Ι	Έ	Ξ	Α	Ρ	Έ	Μ	Ψ	Ή
Λ	Χ	Λ	Ω	Ν	Ύ	Χ	Τ	Α	Υ	Ξ	Ε	Τ	Σ
Ό	Α	Λ	Ε	Β	Η	Ι	Ι	Ξ	Α	Α	Ρ	Ώ	Ι
Ι	Η	Έ	Η	Π	Ι	Η	Έ	Ξ	Δ	Μ	Α	Ί	Α
Ε	Χ	Μ	Ι	Η	Τ	Π	Υ	Έ	Ά	Ή	Ι	Ω	Η
Α	Ι	Ώ	Ν	Α	Σ	Ό	Η	Ο	Μ	Ν	Ι	Ρ	Π
Η	Μ	Ε	Ρ	Ο	Λ	Ό	Γ	Ι	Ο	Α	Τ	Π	Α
Μ	Μ	Ε	Σ	Η	Μ	Έ	Ρ	Ι	Δ	Σ	Ε	Θ	Χ
Α	Ε	Ω	Ρ	Χ	Χ	Έ	Χ	Ξ	Β	Έ	Ο	Δ	Ο
Δ	Β	Τ	Τ	Ώ	Ρ	Α	Ο	Ο	Ε	Ί	Μ	Τ	Ν
Ψ	Λ	Η	Ά	Δ	Ε	Κ	Α	Ε	Τ	Ί	Α	Ψ	Ε
Σ	Ο	Γ	Ι	Σ	Ξ	Χ	Ξ	Έ	Ω	Ρ	Σ	Τ	Ω

ΧΘΕΣ
ΣΉΜΕΡΑ
ΕΤΟΣ
ΑΙΏΝΑΣ
ΔΕΚΑΕΤΊΑ
ΕΤΉΣΙΑ
ΤΏΡΑ
ΗΜΕΡΟΛΌΓΙΟ
ΛΕΠΤΌ
ΜΕΣΗΜΈΡΙ
ΜΉΝΑΣ
ΠΡΩΊ
ΜΕΤΆ
ΝΎΧΤΑ
ΏΡΑ
ΜΈΡΑ
ΡΟΛΌΙ
ΠΡΙΝ
ΕΒΔΟΜΆΔΑ
ΜΈΛΛΟΝ

10 - Säugetiere

Κ	Α	Μ	Η	Λ	Ο	Π	Ά	Ρ	Δ	Α	Λ	Η	Σ
Σ	Σ	Ο	Ρ	Ύ	Α	Τ	Ξ	Ω	Ο	Γ	Ο	Ρ	Κ
Α	Α	Η	Μ	Α	Ρ	Ο	Υ	Ρ	Α	Ί	Ο	Σ	Ύ
Κ	Ρ	Ρ	Σ	Α	Λ	Ί	Ρ	Ο	Γ	Β	Υ	Ο	Λ
Ο	Η	Γ	Κ	Έ	Ϊ	Β	Ξ	Λ	Ι	Μ	Π	Μ	Ο
Γ	Θ	Ί	Α	Ο	Ε	Μ	Χ	Ι	Λ	Ψ	Σ	Ι	Σ
Ι	Ν	Τ	Ν	Κ	Ύ	Α	Ο	Τ	Α	Β	Ό	Ρ	Π
Ό	Ά	Ω	Ί	Ί	Α	Δ	Π	Ύ	Ι	Υ	Α	Ά	Ν
Τ	Π	Ι	Υ	Η	Ξ	Γ	Α	Ξ	Ε	Π	Λ	Τ	Β
Σ	Α	Ρ	Ο	Τ	Σ	Ά	Κ	Ρ	Λ	Β	Ε	Ν	Λ
Ε	Λ	Μ	Χ	Ξ	Ρ	Ο	Γ	Ο	Λ	Ά	Π	Ο	Ύ
Ε	Λ	Έ	Φ	Α	Ν	Τ	Α	Σ	Υ	Η	Ο	Ι	Κ
Φ	Ά	Λ	Α	Ι	Ν	Α	Ψ	Δ	Γ	Ρ	Ύ	Λ	Ο
Ζ	Έ	Β	Ρ	Α	Ο	Ρ	Λ	Μ	Σ	Ξ	Ό	Α	Σ

ΜΑΪΜΟΎ
ΑΡΚΟΎΔΑ
ΚΆΣΤΟΡΑΣ
ΕΛΈΦΑΝΤΑΣ
ΑΛΕΠΟΎ
ΚΑΜΗΛΟΠΆΡΔΑΛΗ
ΓΟΡΊΛΑΣ
ΣΚΎΛΟΣ
ΚΑΓΚΟΥΡΌ
ΚΟΓΙΌΤ

ΛΙΟΝΤΆΡΙ
ΠΆΝΘΗΡΑΣ
ΆΛΟΓΟ
ΑΡΟΥΡΑΊΟΣ
ΠΡΌΒΑΤΟ
ΤΑΎΡΟΣ
ΤΊΓΡΗ
ΦΆΛΑΙΝΑ
ΛΎΚΟΣ
ΖΈΒΡΑ

11 - Algebra

Μ	Γ	Υ	Ψ	Α	Τ	Μ	Ε	Ω	Ρ	Τ	Π	Ε	Π
Ω	Η	Σ	Ω	Μ	Β	Ύ	Η	Σ	Ύ	Λ	Υ	Ξ	Ρ
Έ	Ε	Ε	Ε	Μ	Τ	Υ	Π	Δ	Π	Ψ	Β	Ί	Ό
Ψ	Ξ	Η	Ώ	Α	Π	Ν	Π	Ο	Έ	Ω	Π	Σ	Β
Ά	Π	Ε	Ι	Ρ	Ο	Υ	Ε	Ε	Σ	Ν	Α	Ω	Λ
Σ	Ω	Ί	Ο	Γ	Ι	Ο	Γ	Κ	Ό	Ύ	Ρ	Σ	Η
Γ	Γ	Υ	Π	Ά	Λ	Α	Ξ	Θ	Μ	Λ	Ά	Η	Μ
Ά	Θ	Ρ	Ο	Ι	Σ	Μ	Α	Έ	Θ	Ε	Γ	Σ	Α
Έ	Σ	Ί	Λ	Δ	Ω	Η	Ρ	Τ	Ι	Γ	Ο	Ε	Μ
Χ	Μ	Ω	Π	Τ	Ί	Φ	Τ	Η	Ρ	Ί	Ν	Ρ	Σ
Ω	Ψ	Τ	Α	Ω	Β	Ά	Ή	Ψ	Α	Ί	Τ	Ί	Ά
Υ	Δ	Σ	Ί	Δ	Ω	Ρ	Μ	Λ	Ε	Η	Α	Α	Λ
Ρ	Ρ	Δ	Ν	Ξ	Ν	Γ	Τ	Ί	Ο	Η	Σ	Φ	Κ
Μ	Ε	Τ	Α	Β	Λ	Η	Τ	Ή	Η	Λ	Ψ	Α	Δ

ΚΛΆΣΜΑ
ΔΙΆΓΡΑΜΜΑ
ΕΚΘΈΤΗ
ΠΑΡΆΓΟΝΤΑΣ
ΤΎΠΟΣ
ΕΞΊΣΩΣΗ
ΓΡΆΦΗΜΑ
ΛΎΝΩ
ΛΎΣΗ
ΜΉΤΡΑ
ΜΗΔΈΝ
ΑΡΙΘΜΌΣ
ΠΡΌΒΛΗΜΑ
ΑΦΑΊΡΕΣΗ
ΆΘΡΟΙΣΜΑ
ΆΠΕΙΡΟ
ΜΕΤΑΒΛΗΤΉ
ΑΠΛΟΠΟΙΏ

12 - Philanthropie

Ο	Ξ	Ί	Π	Ω	Ο	Γ	Α	Ξ	Μ	Κ	Ε	Ψ	Π
Γ	Ί	Ν	Β	Ί	Μ	Ν	Π	Υ	Χ	Ο	Π	Τ	Α
Δ	Ε	Ω	Σ	Ε	Α	Η	Ο	Τ	Ά	Ι	Α	Υ	Γ
Ν	Η	Ν	Ε	Ρ	Δ	Ρ	Σ	Ν	Ν	Ν	Φ	Ψ	Κ
Ψ	Ε	Μ	Ν	Γ	Ε	Ν	Τ	Ξ	Θ	Ό	Ή	Χ	Ό
Τ	Ί	Ο	Ό	Α	Σ	Χ	Ο	Τ	Ρ	Τ	Π	Π	Σ
Δ	Λ	Σ	Λ	Σ	Ι	Ί	Λ	Έ	Ω	Η	Ξ	Α	Μ
Τ	Μ	Υ	Δ	Α	Ι	Ο	Ή	Ι	Π	Τ	Ο	Ι	Ι
Χ	Μ	Ω	Ψ	Α	Ί	Ο	Δ	Ν	Ο	Α	Α	Δ	Α
Σ	Μ	Λ	Δ	Σ	Β	Α	Σ	Ω	Ι	Η	Η	Ί	Ε
Χ	Ρ	Ή	Μ	Α	Τ	Α	Α	Ί	Ρ	Ο	Τ	Σ	Ι
Ξ	Γ	Ί	Σ	Γ	Υ	Ω	Ι	Μ	Β	Ί	Μ	Λ	Μ
Π	Ρ	Ο	Γ	Ρ	Ά	Μ	Μ	Α	Τ	Α	Α	Ί	Ι
Α	Ν	Θ	Ρ	Ω	Π	Ό	Τ	Η	Τ	Α	Ν	Γ	Σ

ΚΟΙΝΌΤΗΤΑ
ΙΣΤΟΡΊΑ
ΠΑΓΚΌΣΜΙΑ
ΓΕΝΝΑΙΟΔΩΡΊΑ
ΟΜΑΔΕΣ
ΝΕΟΛΑΊΑ
ΠΑΙΔΊ
ΕΠΑΦΉ
ΆΝΘΡΩΠΟΙ
ΑΝΘΡΩΠΌΤΗΤΑ
ΑΠΟΣΤΟΛΉ
ΧΡΉΜΑΤΑ
ΔΗΜΌΣΙΟΣ
ΠΡΟΓΡΆΜΜΑΤΑ

13 - Diplomatie

Π	Α	Σ	Φ	Ά	Λ	Ε	Ι	Α	Κ	Τ	Γ	Δ	Κ
Λ	Ρ	Ω	Η	Σ	Η	Τ	Ή	Ζ	Υ	Σ	Λ	Ι	Ο
Γ	Π	Ε	Η	Β	Σ	Δ	Π	Π	Β	Ο	Ώ	Κ	Ι
Ψ	Ε	Λ	Σ	Σ	Ύ	Σ	Ό	Ρ	Έ	Λ	Σ	Α	Ν
Μ	Χ	Ι	Υ	Β	Λ	Μ	Κ	Έ	Ρ	Υ	Σ	Ι	Ό
Ψ	Λ	Έ	Ο	Ρ	Ε	Ψ	Ι	Σ	Ν	Ο	Α	Ο	Τ
Ξ	Λ	Ξ	Ρ	Μ	Π	Ί	Τ	Β	Η	Β	Π	Σ	Η
Έ	Ί	Χ	Κ	Τ	Ψ	Ί	Α	Η	Σ	Μ	Σ	Ύ	Τ
Ν	Ί	Ω	Γ	Ν	Σ	Ν	Μ	Σ	Η	Ύ	Ψ	Ν	Α
Ο	Ψ	Ψ	Ύ	Η	Ι	Ε	Ω	Ε	Ε	Σ	Ψ	Η	Η
Β	Α	Λ	Σ	Β	Ν	Ρ	Λ	Γ	Ν	Δ	Ρ	Σ	Δ
Σ	Υ	Ν	Θ	Ή	Κ	Η	Π	Η	Θ	Ι	Κ	Ή	Τ
Ι	Ί	Β	Υ	Σ	Ή	Κ	Ι	Τ	Ι	Λ	Ο	Π	Ω
Α	Ν	Ά	Λ	Υ	Σ	Η	Δ	Γ	Π	Τ	Α	Λ	Ω

ΑΝΆΛΥΣΗ
ΞΈΝΟ
ΣΎΜΒΟΥΛΟΣ
ΠΡΕΣΒΕΊΑ
ΠΡΈΣΒΗΣ
ΔΙΠΛΩΜΑΤΙΚΌ
ΣΥΖΉΤΗΣΗ
ΗΘΙΚΉ
ΚΟΙΝΌΤΗΤΑ
ΔΙΚΑΙΟΣΎΝΗ
ΣΎΓΚΡΟΥΣΗ
ΛΎΣΗ
ΠΟΛΙΤΙΚΉ
ΚΥΒΈΡΝΗΣΗ
ΑΣΦΆΛΕΙΑ
ΓΛΏΣΣΑ
ΣΥΝΘΉΚΗ

14 - Astronomie

Δ	Ο	Ρ	Υ	Φ	Ο	Ρ	Ι	Κ	Ή	Ο	Ρ	Ό	Ί
Π	Λ	Α	Ν	Ή	Τ	Η	Σ	Ρ	Ί	Σ	Δ	Μ	Ν
Ο	Α	Τ	Σ	Α	Έ	Σ	Η	Χ	Ά	Ν	Έ	Σ	Δ
Υ	Σ	Έ	Ο	Σ	Ν	Ύ	Τ	Έ	Χ	Γ	Α	Ι	Λ
Ρ	Η	Κ	Μ	Τ	Ο	Μ	Ύ	Τ	Ί	Ι	Γ	Ρ	Π
Α	Τ	Υ	Ό	Έ	Ρ	Π	Α	Σ	Μ	Ν	Λ	Ε	Υ
Ν	Ή	Ο	Ν	Ρ	Ω	Α	Ν	Π	Β	Γ	Γ	Τ	Φ
Ό	Μ	Ρ	Ο	Ι	Έ	Ν	Ο	Ή	Λ	Ι	Ο	Σ	Σ
Σ	Ο	Ι	Ρ	Ή	Τ	Η	Ρ	Η	Τ	Α	Ρ	Α	Π
Β	Κ	Ο	Τ	Ω	Ε	Ί	Τ	Ζ	Ώ	Δ	Ι	Ο	Γ
Μ	Ω	Έ	Σ	Λ	Μ	Τ	Σ	Ο	Ρ	Η	Π	Ε	Η
Η	Π	Τ	Α	Ρ	Ω	Ψ	Α	Γ	Υ	Λ	Η	Ξ	Μ
Ν	Ε	Φ	Έ	Λ	Ω	Μ	Α	Η	Η	Η	Δ	Β	Μ
Σ	Η	Η	Σ	Ο	Υ	Π	Ε	Ρ	Ν	Ό	Β	Α	Ν

ΑΣΤΡΟΝΑΎΤΗΣ
ΑΣΤΡΟΝΌΜΟΣ
ΓΗ
ΟΥΡΑΝΌΣ
ΚΟΜΉΤΗΣ
ΑΣΤΕΡΙΣΜΌ
ΜΕΤΈΩΡΟ
ΦΕΓΓΆΡΙ
ΝΕΦΈΛΩΜΑ
ΠΑΡΑΤΗΡΗΤΉΡΙΟ
ΠΛΑΝΉΤΗΣ
ΡΟΥΚΈΤΑ
ΔΟΡΥΦΟΡΙΚΉ
ΉΛΙΟΣ
ΑΣΤΈΡΙ
ΣΟΥΠΕΡΝΌΒΑ
ΖΏΔΙΟ
ΣΎΜΠΑΝ

15 - Ballett

Ε	Χ	Ε	Μ	Π	Α	Λ	Α	Ρ	Ί	Ν	Α	Μ	Χ
Κ	Ο	Π	Τ	Ε	Χ	Ν	Ι	Κ	Ή	Σ	Έ	Ν	Ε
Φ	Ρ	Ι	Η	Χ	Α	Ρ	Τ	Σ	Ή	Χ	Ρ	Ο	Ι
Ρ	Ο	Δ	Ύ	Ο	Μ	Θ	Υ	Ρ	Μ	Τ	Τ	Δ	Ρ
Α	Γ	Ε	Α	Ρ	Η	Μ	Δ	Ι	Σ	Τ	Υ	Λ	Ο
Σ	Ρ	Ξ	Κ	Ε	Τ	Τ	Ο	Ψ	Σ	Γ	Ί	Ξ	Ν
Τ	Α	Ι	Ρ	Υ	Ό	Ξ	Έ	Υ	Ί	Μ	Η	Ε	Ο
Ι	Φ	Ό	Ο	Τ	Ρ	Η	Μ	Θ	Σ	Β	Σ	Γ	Μ
Κ	Ί	Τ	Α	Ε	Κ	Σ	Υ	Ν	Ν	Ι	Η	Ρ	Ί
Ή	Α	Η	Τ	Σ	Ο	Α	Ό	Ν	Ε	Υ	Κ	Υ	Α
Γ	Β	Τ	Ή	Ρ	Ρ	Τ	Γ	Λ	Ρ	Χ	Σ	Ή	Ν
Τ	Ό	Α	Ρ	Ο	Ι	Ν	Μ	Δ	Ο	Υ	Ά	Τ	Μ
Ί	Ρ	Έ	Ι	Ψ	Ε	Έ	Χ	Ψ	Ρ	Ψ	Λ	Ε	Ρ
Β	Π	Υ	Ο	Μ	Χ	Ψ	Χ	Ρ	Ω	Τ	Ξ	Ί	Ν

ΧΕΙΡΟΚΡΌΤΗΜΑ
ΕΚΦΡΑΣΤΙΚΉ
ΜΠΑΛΑΡΊΝΑ
ΧΟΡΟΓΡΑΦΊΑ
ΕΠΙΔΕΞΙΌΤΗΤΑ
ΧΕΙΡΟΝΟΜΊΑ
ΈΝΤΑΣΗ
ΣΥΝΘΈΤΗ
ΜΟΥΣΙΚΉ
ΟΡΧΉΣΤΡΑ
ΆΣΚΗΣΗ
ΠΡΌΒΑ
ΑΚΡΟΑΤΉΡΙΟ
ΡΥΘΜΟΎ
ΣΌΛΟ
ΣΤΥΛ
ΧΟΡΕΥΤΕΣ
ΤΕΧΝΙΚΉ

16 - Geologie

Λ	Σ	Χ	Α	Λ	Α	Ζ	Ί	Α	Ω	Π	Ή	Κ	Σ
Σ	Β	Τ	Ο	Ξ	Β	Λ	Μ	Γ	Λ	Έ	Π	Ρ	Π
Λ	Ε	Ε	Α	Ψ	Έ	Ε	Γ	Χ	Ξ	Τ	Ε	Ύ	Ή
Ί	Ά	Ι	Ι	Λ	Λ	Ά	Ρ	Ο	Κ	Ρ	Ι	Σ	Λ
Μ	Ω	Β	Σ	Ι	Α	Σ	Ξ	Ρ	Λ	Α	Ρ	Τ	Α
Ε	Ν	Ο	Α	Μ	Ε	Κ	Λ	Ο	Ξ	Ύ	Ο	Α	Ι
Ί	Γ	Β	Μ	Μ	Ό	Β	Τ	Ί	Α	Ν	Σ	Λ	Ο
Ν	Δ	Ε	Β	Ν	Β	Σ	Χ	Ί	Σ	Η	Ε	Λ	Δ
Δ	Ι	Ά	Β	Ρ	Ω	Σ	Η	Ι	Τ	Ά	Λ	Α	Ψ
Α	Σ	Β	Έ	Σ	Τ	Ι	Ο	Δ	Α	Η	Ψ	Ο	Ψ
Σ	Τ	Α	Λ	Α	Γ	Μ	Ι	Τ	Ε	Σ	Σ	Δ	Γ
Η	Φ	Α	Ϊ	Σ	Τ	Ε	Ι	Ο	Ί	Ν	Α	Ι	Έ
Ο	Τ	Δ	Σ	Ε	Ο	Ρ	Υ	Κ	Τ	Ά	Σ	Λ	Ω
Ο	Ρ	Ο	Π	Έ	Δ	Ι	Ο	Ν	Έ	Μ	Ω	Ι	Λ

ΣΕΙΣΜΌΣ
ΔΙΆΒΡΩΣΗ
ΛΙΩΜΈΝΟ
ΣΠΉΛΑΙΟ
ΑΣΒΈΣΤΙΟ
ΉΠΕΙΡΟΣ
ΚΟΡΆΛΛΙ
ΚΡΎΣΤΑΛΛΑ
ΛΆΒΑ
ΟΡΥΚΤΆ
ΟΡΟΠΈΔΙΟ
ΧΑΛΑΖΊΑ
ΑΛΆΤΙ
ΟΞΎ
ΣΤΑΛΑΓΜΙΤΕΣ
ΣΤΑΛΑΚΤΊΤΗΣ
ΠΈΤΡΑ
ΗΦΑΊΣΤΕΙΟ

17 - Wissenschaft

Ε	Β	Υ	Ε	Α	Τ	Η	Τ	Ύ	Ρ	Α	Β	Φ	Δ
Ξ	Γ	Ε	Γ	Ο	Ν	Ό	Σ	Τ	Λ	Π	Μ	Υ	Ε
Έ	Ω	Φ	Υ	Σ	Ι	Κ	Ή	Β	Γ	Ο	Μ	Τ	Δ
Λ	Μ	Έ	Θ	Ο	Δ	Ο	Σ	Ξ	Τ	Λ	Β	Ά	Ο
Ι	Δ	Λ	Ί	Ν	Α	Α	Μ	Α	Ρ	Ί	Ε	Π	Μ
Ξ	Σ	Ω	Μ	Α	Τ	Ί	Δ	Ι	Α	Θ	Υ	Λ	Έ
Η	Υ	Π	Ό	Θ	Ε	Σ	Η	Ρ	Ρ	Ω	Χ	Ί	Ν
Ο	Ρ	Γ	Α	Ν	Ι	Σ	Μ	Ό	Σ	Μ	Η	Φ	Α
Ο	Β	Δ	Μ	Ά	Γ	Ψ	Λ	Μ	Έ	Α	Μ	Ύ	Ά
Ε	Ρ	Γ	Α	Σ	Τ	Ή	Ρ	Ι	Ο	Κ	Ι	Σ	Τ
Π	Ρ	Υ	Ε	Τ	Η	Κ	Υ	Έ	Έ	Λ	Κ	Η	Ο
Τ	Π	Α	Γ	Τ	Η	Χ	Υ	Ν	Η	Ί	Ή	Ψ	Μ
Λ	Ο	Υ	Λ	Τ	Ρ	Έ	Τ	Ρ	Ω	Μ	Τ	Β	Ο
Λ	Τ	Χ	Ο	Ξ	Λ	Ν	Δ	Υ	Ο	Α	Χ	Ξ	Β

ΆΤΟΜΟ
ΧΗΜΙΚΉ
ΔΕΔΟΜΈΝΑ
ΕΞΈΛΙΞΗ
ΠΕΊΡΑΜΑ
ΑΠΟΛΊΘΩΜΑ
ΥΠΌΘΕΣΗ
ΚΛΊΜΑ
ΕΡΓΑΣΤΉΡΙΟ
ΜΈΘΟΔΟΣ
ΟΡΥΚΤΆ
ΜΌΡΙΑ
ΦΎΣΗ
ΟΡΓΑΝΙΣΜΌΣ
ΣΩΜΑΤΊΔΙΑ
ΦΥΤΆ
ΦΥΣΙΚΉ
ΒΑΡΎΤΗΤΑ
ΓΕΓΟΝΌΣ

18 - Bildende Kunst

Ο	Π	Ζ	Ω	Γ	Ρ	Α	Φ	Ι	Κ	Ή	Δ	Ρ	Χ
Π	Ν	Χ	Μ	Κ	Ά	Ρ	Β	Ο	Υ	Ν	Ο	Υ	Α
Κ	Ο	Α	Κ	Ε	Ρ	Α	Μ	Ι	Κ	Ή	Ε	Μ	Σ
Π	Α	Ρ	Μ	Σ	Ύ	Ν	Θ	Ε	Σ	Η	Η	Ω	Τ
Ρ	Τ	Β	Τ	Η	Ω	Δ	Έ	Ξ	Έ	Ξ	Ι	Υ	Υ
Ο	Α	Υ	Α	Ρ	Γ	Λ	Υ	Π	Τ	Ι	Κ	Ή	Λ
Ο	Ι	Ε	Ω	Λ	Έ	Ρ	Σ	Ε	Μ	Σ	Ί	Ρ	Ό
Π	Ν	Μ	Δ	Α	Έ	Τ	Ύ	Π	Ω	Σ	Ν	Ν	Α
Τ	Ί	Δ	Ο	Ι	Μ	Τ	Ο	Ο	Ρ	Ί	Ρ	Ε	Κ
Ι	Α	Ν	Ι	Β	Ύ	Λ	Ο	Μ	Τ	Η	Ε	Β	Ξ
Κ	Π	Ο	Λ	Υ	Γ	Ρ	Ά	Φ	Ο	Σ	Β	Γ	Τ
Ή	Ε	Κ	Ι	Μ	Ω	Λ	Ί	Α	Π	Α	Ι	Λ	Ι
Κ	Α	Λ	Λ	Ι	Τ	Έ	Χ	Ν	Η	Σ	Ο	Ρ	Ε
Φ	Ω	Τ	Ο	Γ	Ρ	Α	Φ	Ί	Α	Έ	Λ	Δ	Α

ΜΟΛΎΒΙ
ΤΑΙΝΊΑ
ΦΩΤΟΓΡΑΦΊΑ
ΖΩΓΡΑΦΙΚΉ
ΚΆΡΒΟΥΝΟ
ΚΕΡΑΜΙΚΉ
ΚΙΜΩΛΊΑ
ΚΑΛΛΙΤΈΧΝΗΣ
ΒΕΡΝΊΚΙ
ΑΡΙΣΤΟΎΡΓΗΜΑ
ΠΡΟΟΠΤΙΚΉ
ΠΟΡΤΡΈΤΟ
ΠΟΛΥΓΡΆΦΟ
ΓΛΥΠΤΙΚΉ
ΚΑΒΑΛΈΤΟ
ΣΤΥΛΌ
ΚΕΡΊ
ΣΎΝΘΕΣΗ

19 - Sport

Α	Α	Α	Π	Λ	Σ	Β	Μ	Μ	Δ	Ξ	Τ	Κ	Δ
Ε	Θ	Η	Ξ	Ρ	Δ	Α	Ε	Μ	Η	Μ	Έ	Ί	Ι
Γ	Ξ	Λ	Ο	Υ	Ω	Χ	Ό	Κ	Ε	Ϊ	Ν	Ν	Α
Γ	Κ	Ξ	Η	Σ	Ή	Τ	Η	Κ	Ι	Ν	Ι	Η	Ι
Υ	Μ	Ο	Υ	Τ	Ν	Ε	Ά	Μ	Ί	Χ	Σ	Σ	Τ
Μ	Π	Ι	Λ	Π	Ή	Κ	Γ	Θ	Η	Γ	Ξ	Η	Η
Ν	Έ	Δ	Ρ	Φ	Τ	Σ	Υ	Ε	Λ	Ι	Δ	Λ	Τ
Α	Ι	Ά	Λ	Α	Δ	Ά	Μ	Ο	Ι	Η	Ί	Ρ	Ή
Σ	Ζ	Τ	Δ	Ω	Γ	Π	Ν	Ρ	Β	Τ	Μ	Τ	Σ
Τ	Μ	Σ	Ί	Μ	Ο	Μ	Ά	Ω	Υ	Κ	Μ	Α	Ί
Ι	Π	Σ	Τ	Μ	Ν	Υ	Σ	Λ	Χ	Ί	Ω	Υ	Ν
Κ	Ο	Ι	Δ	Ί	Ν	Χ	Ι	Α	Π	Α	Β	Σ	Ί
Ή	Λ	Ε	Έ	Γ	Ν	Μ	Ο	Ρ	Η	Π	Β	Υ	Ω
Π	Ο	Δ	Ή	Λ	Α	Τ	Ο	Ι	Π	Ψ	Γ	Ξ	Ρ

ΑΘΛΗΤΉΣ
ΜΠΈΙΖΜΠΟΛ
ΜΠΆΣΚΕΤ
ΚΊΝΗΣΗ
ΧΌΚΕΪ
ΠΟΔΉΛΑΤΟ
ΝΙΚΗΤΉΣ
ΓΚΟΛΦ
ΓΥΜΝΆΣΙΟ
ΓΥΜΝΑΣΤΙΚΉ
ΟΜΆΔΑ
ΠΡΩΤΆΘΛΗΜΑ
ΔΙΑΙΤΗΤΉΣ
ΠΑΙΧΝΊΔΙ
ΠΑΊΚΤΗ
ΣΤΆΔΙΟ
ΤΈΝΙΣ

20 - Mythologie

Π	Α	Ί	Γ	Ρ	Υ	Ο	Ι	Μ	Η	Δ	Δ	Π	Κ
Ο	Ρ	Β	Λ	Ξ	Ν	Α	Ι	Ρ	Α	Υ	Ύ	Π	Α
Λ	Χ	Ρ	Ί	Η	Σ	Ρ	Ι	Λ	Ί	Π	Ν	Α	Τ
Ε	Έ	Ο	Ι	Η	Η	Ι	Ό	Κ	Ι	Γ	Α	Μ	Α
Μ	Τ	Ν	Η	Σ	Π	Υ	Υ	Ε	Υ	Ρ	Μ	Σ	Σ
Ι	Υ	Τ	Η	Ρ	Δ	Ρ	Ε	Η	Δ	Ξ	Η	Ά	Τ
Σ	Π	Ή	Σ	Ο	Θ	Ν	Ι	Ρ	Ύ	Β	Α	Λ	Ρ
Τ	Ο	Ή	Ρ	Ω	Α	Σ	Ό	Τ	Η	Ν	Θ	Π	Ο
Ή	Π	Α	Ρ	Τ	Σ	Α	Μ	Τ	Ζ	Τ	Δ	Β	Φ
Σ	Γ	Δ	Λ	Ψ	Η	Δ	Ω	Έ	Ξ	Ή	Σ	Χ	Ή
Α	Θ	Α	Ν	Α	Σ	Ί	Α	Ρ	Ο	Ψ	Λ	Μ	Δ
Θ	Ρ	Ύ	Λ	Ο	Σ	Ω	Α	Α	Χ	Ψ	Ρ	Ι	Μ
Γ	Ε	Ι	Ψ	Α	Ο	Ρ	Τ	Σ	Ρ	Β	Δ	Λ	Α
Υ	Δ	Α	Η	Ί	Υ	Η	Σ	Η	Κ	Ί	Δ	Κ	Ε

ΑΡΧΈΤΥΠΟ
ΑΣΤΡΑΠΉ
ΒΡΟΝΤΉ
ΖΉΛΙΑ
ΉΡΩΑΣ
ΗΡΩΊΔΑ
ΚΑΤΑΣΤΡΟΦΉ
ΔΗΜΙΟΥΡΓΊΑ
ΠΛΆΣΜΑ
ΠΟΛΕΜΙΣΤΉΣ
ΛΑΒΎΡΙΝΘΟΣ
ΘΡΎΛΟΣ
ΜΑΓΙΚΌ
ΤΈΡΑΣ
ΕΚΔΊΚΗΣΗ
ΔΎΝΑΜΗ
ΘΝΗΤΌΣ
ΑΘΑΝΑΣΊΑ

21 - Restaurant #2

Σ	Σ	Ν	Ε	Γ	Η	Έ	Χ	Κ	Π	Β	Ο	Η	Ί
Λ	Ο	Ο	Ε	Σ	Α	Β	Υ	Ο	Ι	Ψ	Ά	Ρ	Ι
Α	Ύ	Ψ	Ί	Ρ	Ο	Ψ	Ξ	Υ	Ρ	Υ	Β	Ξ	Σ
Χ	Π	Ψ	Γ	Έ	Ό	Η	Χ	Τ	Ο	Π	Β	Μ	Σ
Α	Α	Λ	Κ	Έ	Ρ	Α	Κ	Ά	Ύ	Χ	Ο	Μ	Β
Ν	Τ	Α	Ι	Ν	Ά	Ζ	Α	Λ	Ν	Ί	Δ	Τ	Ρ
Ι	Ά	Λ	Ξ	Έ	Λ	Ω	Ξ	Ι	Ι	Γ	Φ	Λ	Ό
Κ	Λ	Ά	Κ	Σ	Ο	Ρ	Ό	Τ	Ι	Β	Ρ	Ε	Σ
Ά	Α	Τ	Έ	Τ	Ο	Δ	Τ	Ο	Υ	Η	Ο	Δ	Σ
Ω	Σ	Ι	Ι	Λ	Σ	Γ	Ε	Ύ	Μ	Α	Ύ	Ε	Ο
Β	Ι	Ε	Κ	Μ	Υ	Ι	Ά	Ξ	Χ	Π	Τ	Ί	Γ
Γ	Ό	Κ	Ι	Ρ	Α	Χ	Α	Π	Μ	Ψ	Ο	Π	Δ
Α	Ί	Ο	Ρ	Ε	Κ	Τ	Ι	Κ	Ό	Ο	Χ	Ν	Λ
Δ	Ν	Ό	Σ	Τ	Ι	Μ	Ο	Έ	Ο	Γ	Ι	Ο	Β

ΔΕΊΠΝΟ
ΠΆΓΟΣ
ΨΆΡΙ
ΦΡΟΎΤΟ
ΠΙΡΟΎΝΙ
ΛΑΧΑΝΙΚΆ
ΠΟΤΌ
ΜΠΑΧΑΡΙΚΌ
ΣΕΡΒΙΤΌΡΟΣ
ΝΌΣΤΙΜΟ
ΚΈΙΚ
ΚΟΥΤΆΛΙ
ΓΕΎΜΑ
ΛΑΖΆΝΙΑ
ΣΑΛΆΤΑ
ΑΛΆΤΙ
ΚΑΡΈΚΛΑ
ΣΟΎΠΑ
ΟΡΕΚΤΙΚΌ
ΝΕΡΌ

22 - Ökologie

Χ	Ω	Β	Ί	Ι	Ή	Κ	Ι	Σ	Υ	Φ	Ξ	Ρ	Χ
Ε	Π	Ι	Β	Ί	Ω	Σ	Η	Ω	Σ	Ύ	Η	Ξ	Ι
Β	Ο	Υ	Ν	Ά	Α	Ν	Η	Α	Δ	Σ	Ρ	Έ	Ι
Ε	Π	Ό	Ρ	Ω	Ν	Φ	Υ	Τ	Ά	Η	Α	Ψ	Δ
Θ	Θ	Ε	Ψ	Σ	Ο	Ε	Γ	Η	Χ	Γ	Σ	Τ	Γ
Β	Α	Ε	Ξ	Δ	Τ	Υ	Λ	Τ	Μ	Μ	Ί	Ί	Σ
Ξ	Λ	Λ	Λ	Α	Ι	Μ	Σ	Ό	Κ	Γ	Α	Π	Ρ
Γ	Χ	Ά	Ά	Ο	Ρ	Ρ	Α	Ν	Σ	Ο	Δ	Ί	Ε
Ψ	Ε	Β	Σ	Σ	Ν	Ί	Ι	Ι	Τ	Ρ	Ί	Χ	Μ
Έ	Γ	Μ	Δ	Τ	Σ	Τ	Η	Ο	Χ	Β	Ν	Γ	Ε
Η	Λ	Α	Ι	Ε	Η	Ι	Έ	Κ	Λ	Χ	Α	Σ	Α
Κ	Λ	Ί	Μ	Α	Έ	Σ	Ο	Σ	Ξ	Δ	Π	Α	Α
Β	Ι	Ώ	Σ	Ι	Μ	Η	Η	Β	Π	Ί	Α	Ξ	Γ
Σ	Χ	Λ	Ω	Ρ	Ί	Δ	Α	Ί	Ω	Ε	Γ	Ρ	Λ

ΕΊΔΟΣ
ΒΟΥΝΆ
ΞΗΡΑΣΊΑ
ΠΑΝΊΔΑ
ΧΛΩΡΊΔΑ
ΕΘΕΛΟΝΤΈΣ
ΚΟΙΝΌΤΗΤΑ
ΠΑΓΚΌΣΜΙΑ
ΚΛΊΜΑ
ΘΑΛΆΣΣΙΟ
ΒΙΏΣΙΜΗ
ΦΎΣΗ
ΦΥΣΙΚΉ
ΦΥΤΆ
ΠΌΡΩΝ
ΕΠΙΒΊΩΣΗ
ΒΛΆΣΤΗΣΗ

23 - Schokolade

Κ	Ε	Σ	Δ	Ή	Ί	Ξ	Π	Μ	Π	Ρ	Ψ	Ψ	Μ
Α	Υ	Μ	Ν	Κ	Ι	Ο	Ό	Κ	Ι	Τ	Ω	Ξ	Ε
Ρ	Σ	Ε	Δ	Ι	Μ	Ρ	Ε	Θ	Κ	Δ	Ν	Γ	Φ
Ύ	Υ	Υ	Σ	Ν	Δ	Ν	Α	Έ	Ρ	Ί	Δ	Ε	Ι
Δ	Ν	Γ	Κ	Χ	Ί	Ω	Δ	Ψ	Ή	Σ	Έ	Ύ	Σ
Α	Τ	Ω	Ό	Ε	Χ	Ν	Δ	Έ	Σ	Ι	Ξ	Σ	Τ
Μ	Α	Γ	Ν	Τ	Χ	Ζ	Γ	Λ	Υ	Κ	Ό	Η	Ί
Ω	Γ	Ω	Η	Ο	Δ	Ω	Ά	Ο	Έ	Τ	Ν	Ι	Κ
Ρ	Ή	Σ	Η	Ι	Ψ	Χ	Η	Χ	Ν	Μ	Μ	Ί	Ι
Ά	Ν	Χ	Μ	Β	Α	Λ	Έ	Μ	Α	Ρ	Α	Κ	Α
Α	Γ	Α	Π	Η	Μ	Έ	Ν	Ο	Σ	Ρ	Ρ	Α	Δ
Ν	Ό	Σ	Τ	Ι	Μ	Ο	Ο	Γ	Υ	Ί	Η	Κ	Δ
Σ	Υ	Σ	Τ	Α	Τ	Ι	Κ	Ό	Ι	Ψ	Έ	Ά	Σ
Λ	Ε	Υ	Σ	Υ	Ψ	Α	Τ	Η	Τ	Ό	Ι	Ο	Π

ΆΡΩΜΑ
ΠΙΚΡΉ
ΦΙΣΤΊΚΙΑ
ΕΞΩΤΙΚΌ
ΑΓΑΠΗΜΈΝΟΣ
ΓΕΎΣΗ
ΒΙΟΤΕΧΝΙΚΉ
ΚΑΚΆΟ
ΘΕΡΜΙΔΕΣ
ΚΑΡΑΜΈΛΑ
ΚΑΡΎΔΑ
ΝΌΣΤΙΜΟ
ΣΚΌΝΗ
ΠΟΙΌΤΗΤΑ
ΣΥΝΤΑΓΉ
ΓΛΥΚΌ
ΖΆΧΑΡΗ
ΣΥΣΤΑΤΙΚΌ

24 - Boote

Σ	Χ	Ε	Δ	Ί	Α	Α	Π	Σ	Σ	Κ	Θ	Α	Δ
Η	Η	Ν	Ω	Ί	Π	Ξ	Ο	Ω	Χ	Ύ	Ά	Π	Μ
Δ	Γ	Χ	Π	Ι	Π	Π	Τ	Σ	Ο	Μ	Λ	Ο	Κ
Π	Λ	Ή	Ρ	Ω	Μ	Α	Α	Ί	Ι	Α	Α	Β	Α
Ι	Σ	Τ	Β	Λ	Ε	Έ	Μ	Β	Ν	Τ	Σ	Ά	Γ
Τ	Ο	Έ	Γ	Β	Ό	Γ	Ό	Ι	Ί	Α	Σ	Θ	Ι
Λ	Ί	Μ	Ν	Η	Κ	Ψ	Σ	Α	Ξ	Ρ	Α	Ρ	Ά
Χ	Ε	Α	Μ	Β	Ι	Τ	Ρ	Ά	Τ	Α	Κ	Α	Κ
Ο	Μ	Γ	Λ	Ε	Τ	Β	Τ	Μ	Σ	Ί	Ψ	Ί	Σ
Σ	Θ	Χ	Α	Ρ	Υ	Κ	Γ	Ά	Η	Γ	Α	Ι	Π
Α	Ρ	Ύ	Ο	Δ	Α	Μ	Η	Σ	Ξ	Χ	Ι	Γ	Η
Τ	Ο	Γ	Σ	Ό	Ν	Α	Ε	Κ	Ω	Π	Α	Ο	Δ
Ο	Π	Ε	Α	Ξ	Σ	Κ	Α	Ν	Ό	Π	Ξ	Ν	Τ
Υ	Β	Ρ	Ί	Ι	Σ	Τ	Ι	Ο	Φ	Ό	Ρ	Ο	Ή

ΆΓΚΥΡΑ
ΣΗΜΑΔΟΎΡΑ
ΠΛΉΡΩΜΑ
ΑΠΟΒΆΘΡΑ
ΠΟΡΘΜΕΊΟ
ΣΧΕΔΊΑ
ΠΟΤΑΜΌΣ
ΚΑΓΙΆΚ
ΚΑΝΌ
ΚΑΤΆΡΤΙ
ΘΆΛΑΣΣΑ
ΜΗΧΑΝΉ
ΝΑΥΤΙΚΌ
ΩΚΕΑΝΌΣ
ΣΩΣΊΒΙΑ
ΛΊΜΝΗ
ΙΣΤΙΟΦΌΡΟ
ΣΧΟΙΝΊ
ΚΎΜΑΤΑ
ΓΙΟΤ

25 - Stadt

Β	Ξ	Α	Α	Ν	Ψ	Π	Ο	Ί	Υ	Ο	Θ	Χ	Β
Ι	Ε	Ρ	Ξ	Ν	Σ	Μ	Δ	Σ	Ί	Ί	Έ	Έ	Ι
Β	Ν	Τ	Τ	Σ	Θ	Β	Υ	Ρ	Ψ	Ε	Α	Υ	Β
Λ	Ο	Ο	Ρ	Ή	Γ	Ο	Λ	Λ	Υ	Σ	Τ	Ω	Λ
Ι	Δ	Π	Ά	Ρ	Σ	Α	Π	Α	Σ	Υ	Ρ	Τ	Ι
Ο	Ο	Ο	Π	Η	Ε	Ε	Τ	Ω	Ε	Ο	Ο	Ο	Ο
Π	Χ	Ι	Ε	Χ	Ρ	Ρ	Ε	Ε	Λ	Μ	Ξ	Ί	Θ
Ω	Ε	Ε	Ζ	Ω	Ά	Ο	Κ	Χ	Ι	Ε	Δ	Ε	Ή
Λ	Ί	Ί	Α	Σ	Ρ	Δ	Ρ	Λ	Η	Έ	Ί	Λ	Κ
Ε	Ο	Ο	Ω	Χ	Ο	Ρ	Ά	Ί	Ι	Λ	Γ	Ο	Η
Ί	Ψ	Τ	Ψ	Η	Γ	Ό	Μ	Ξ	Σ	Ν	Λ	Χ	Χ
Ο	Ο	Ί	Ε	Κ	Α	Μ	Ρ	Α	Φ	Λ	Ι	Σ	Ι
Μ	Β	Η	Γ	Ε	Β	Ι	Ν	Ό	Λ	Α	Σ	Κ	Σ
Π	Ε	Ι	Γ	Τ	Ψ	Ο	Ι	Δ	Ά	Τ	Σ	Τ	Ή

ΦΑΡΜΑΚΕΊΟ
ΤΡΆΠΕΖΑ
ΑΡΤΟΠΟΙΕΊΟ
ΒΙΒΛΙΟΘΉΚΗ
ΑΝΘΟΠΩΛΕΊΟ
ΒΙΒΛΙΟΠΩΛΕΊΟ
ΑΕΡΟΔΡΌΜΙΟ
ΣΥΛΛΟΓΉ
ΞΕΝΟΔΟΧΕΊΟ
ΚΛΙΝΙΚΉ
ΑΓΟΡΆ
ΜΟΥΣΕΊΟ
ΣΑΛΌΝΙ
ΣΧΟΛΕΊΟ
ΣΤΆΔΙΟ
ΜΆΡΚΕΤ
ΘΈΑΤΡΟ

26 - Aktivitäten

Ί	Π	Ι	Δ	Ψ	Κ	Χ	Χ	Δ	Ε	Ζ	Ρ	Σ	Β
Ή	Λ	Π	Β	Γ	Ά	Α	Ί	Π	Υ	Ω	Ά	Η	Ι
Κ	Έ	Ψ	Ψ	Α	Μ	Λ	Τ	Υ	Χ	Γ	Ψ	Α	Ο
Ι	Ξ	Ά	Τ	Π	Π	Ά	Ι	Ο	Α	Ρ	Ι	Ν	Τ
Μ	Ι	Ρ	Έ	Ι	Ι	Ρ	Γ	Ί	Ρ	Α	Μ	Ά	Ε
Α	Μ	Ε	Χ	Χ	Ν	Ω	Ή	Β	Ί	Φ	Ο	Γ	Χ
Ρ	Ο	Μ	Ν	Ρ	Γ	Σ	Ν	Ψ	Σ	Ι	Β	Ν	Ν
Ε	Η	Α	Η	Ο	Κ	Η	Υ	Ί	Τ	Κ	Σ	Ω	Ί
Κ	Η	Π	Ο	Υ	Ρ	Ι	Κ	Ή	Η	Ή	Ρ	Σ	Α
Χ	Α	Ν	Α	Ψ	Υ	Χ	Ή	Β	Σ	Γ	Ρ	Η	Σ
Μ	Α	Γ	Ε	Ί	Α	Ι	Ξ	Ο	Η	Ί	Ε	Ρ	Μ
Ρ	Έ	Π	Ρ	Φ	Ω	Τ	Ο	Γ	Ρ	Α	Φ	Ί	Α
Ε	Π	Ι	Δ	Ε	Ξ	Ι	Ό	Τ	Η	Τ	Α	Ν	Μ
Μ	Δ	Ρ	Α	Σ	Τ	Η	Ρ	Ι	Ό	Τ	Η	Τ	Α

ΔΡΑΣΤΗΡΙΌΤΗΤΑ
ΨΆΡΕΜΑ
ΚΆΜΠΙΝΓΚ
ΧΑΛΆΡΩΣΗ
ΕΠΙΔΕΞΙΌΤΗΤΑ
ΦΩΤΟΓΡΑΦΊΑ
ΑΝΑΨΥΧΉ
ΚΗΠΟΥΡΙΚΉ
ΖΩΓΡΑΦΙΚΉ
ΚΥΝΉΓΙ
ΚΕΡΑΜΙΚΉ
ΤΈΧΝΗ
ΒΙΟΤΕΧΝΊΑ
ΑΝΆΓΝΩΣΗ
ΜΑΓΕΊΑ
ΡΆΨΙΜΟ
ΠΛΈΞΙΜΟ
ΕΥΧΑΡΊΣΤΗΣΗ

27 - Bienen

Ε	Έ	Ν	Τ	Ο	Μ	Ο	Ν	Ρ	Η	Ν	Ρ	Ο	Β
Ρ	Π	Α	Ξ	Κ	Α	Σ	Σ	Ι	Λ	Ί	Σ	Α	Β
Έ	Υ	Ι	Έ	Γ	Α	Ο	Ο	Λ	Έ	Ί	Ο	Β	Ψ
Έ	Χ	Ξ	Κ	Ψ	Ω	Π	Θ	Έ	Ψ	Τ	Ν	Κ	Η
Λ	Ξ	Ε	Μ	Ο	Ψ	Ή	Ν	Μ	Υ	Λ	Ή	Ε	Ν
Υ	Ψ	Λ	Τ	Υ	Ν	Κ	Ά	Ί	Κ	Τ	Μ	Ρ	Ρ
Τ	Ρ	Ο	Φ	Ή	Ρ	Ι	Π	Η	Ζ	Δ	Σ	Ί	Λ
Φ	Ρ	Ο	Ύ	Τ	Ο	Ρ	Α	Λ	Σ	Ο	Ι	Λ	Ή
Π	Ο	Ι	Κ	Ι	Λ	Ί	Α	Σ	Ξ	Β	Υ	Ι	Γ
Π	Λ	Ω	Ψ	Υ	Π	Ά	Ρ	Ε	Τ	Φ	Ω	Ν	Ύ
Ε	Υ	Ε	Ρ	Γ	Ε	Τ	Ι	Κ	Ή	Ή	Τ	Τ	Ρ
Έ	Ε	Σ	Ρ	Τ	Μ	Υ	Η	Ε	Ρ	Ρ	Σ	Ω	Η
Η	Ξ	Π	Χ	Υ	Η	Φ	Χ	Ί	Α	Α	Π	Ξ	Π
Λ	Ο	Υ	Λ	Ο	Ύ	Δ	Ι	Α	Η	Ξ	Έ	Λ	Χ

ΕΠΙΚΟΝΙΑΣΤΉΣ
ΚΥΨΈΛΗ
ΛΟΥΛΟΎΔΙΑ
ΆΝΘΟΣ
ΤΡΟΦΉ
ΦΤΕΡΆ
ΦΡΟΎΤΟ
ΚΉΠΟΣ
ΜΈΛΙ
ΈΝΤΟΜΟ
ΒΑΣΊΛΙΣΣΑ
ΦΥΤΆ
ΓΎΡΗ
ΚΑΠΝΊΖΟΥΝ
ΣΜΉΝΟΣ
ΉΛΙΟΣ
ΠΟΙΚΙΛΊΑ
ΕΥΕΡΓΕΤΙΚΉ
ΚΕΡΊ

28 - Wissenschaftliche Disziplinen

Γ	Ε	Ω	Λ	Ο	Γ	Ί	Α	Ί	Ε	Μ	Η	Χ	Β
Ί	Α	Έ	Χ	Ρ	Λ	Μ	Β	Α	Φ	Ο	Σ	Α	Ο
Η	Δ	Ί	Α	Ξ	Ρ	Η	Ι	Σ	Υ	Ι	Σ	Ν	Τ
Ο	Η	Ν	Ε	Ω	Α	Χ	Ο	Τ	Σ	Κ	Ε	Α	Α
Ψ	Ρ	Β	Υ	Ω	Ί	Α	Χ	Ρ	Ι	Ο	Α	Τ	Ν
Υ	Ζ	Υ	Σ	Τ	Γ	Ν	Η	Ο	Ο	Λ	Ί	Ο	Ι
Χ	Ω	Λ	Κ	Δ	Ο	Ι	Μ	Ν	Λ	Ο	Γ	Μ	Κ
Ο	Ο	Δ	Ω	Τ	Λ	Κ	Ε	Ο	Ο	Γ	Ο	Ί	Ή
Λ	Λ	Γ	Μ	Ω	Ο	Ή	Ί	Μ	Γ	Ί	Λ	Α	Δ
Ο	Ο	Σ	Γ	Μ	Σ	Λ	Α	Ί	Ί	Α	Ο	Ν	Ί
Γ	Γ	Τ	Σ	Ψ	Σ	Ν	Ο	Α	Α	Ί	Σ	Ν	Η
Ί	Ί	Ρ	Η	Ψ	Ω	Α	Ί	Γ	Ο	Λ	Ο	Ι	Β
Α	Α	Ξ	Έ	Α	Λ	Ι	Γ	Γ	Ί	Ρ	Ν	Ω	Ί
Ω	Χ	Υ	Δ	Έ	Γ	Σ	Ψ	Ί	Ί	Α	Α	Α	Υ

ΑΝΑΤΟΜΊΑ
ΑΣΤΡΟΝΟΜΊΑ
ΒΙΟΧΗΜΕΊΑ
ΒΙΟΛΟΓΊΑ
ΒΟΤΑΝΙΚΉ
ΧΗΜΕΊΑ
ΓΕΩΛΟΓΊΑ
ΑΝΟΣΟΛΟΓΊΑ
ΓΛΩΣΣΟΛΟΓΊΑ
ΜΗΧΑΝΙΚΉ
ΟΡΥΚΤΟΛΟΓΊΑ
ΟΙΚΟΛΟΓΊΑ
ΦΥΣΙΟΛΟΓΊΑ
ΨΥΧΟΛΟΓΊΑ
ΖΩΟΛΟΓΊΑ

29 - Vögel

Π	Ε	Λ	Α	Ρ	Γ	Ό	Σ	Ψ	Μ	Δ	Φ	Β	Η
Γ	Λ	Ά	Ρ	Ο	Σ	Έ	Α	Ν	Ή	Χ	Λ	Κ	Δ
Σ	Γ	Ι	Ξ	Ι	Γ	Τ	Ι	Χ	Μ	Τ	Α	Ύ	Π
Σ	Ο	Ν	Ί	Υ	Ο	Κ	Γ	Ι	Π	Σ	Μ	Κ	Ά
Τ	Ρ	Ώ	Σ	Β	Υ	Δ	Ά	Τ	Ε	Κ	Ί	Ν	Π
Π	Ν	Γ	Ό	Γ	Υ	Α	Β	Ο	Ρ	Ο	Ν	Ο	Ι
Δ	Α	Α	Τ	Τ	Μ	Γ	Υ	Υ	Ι	Τ	Γ	Σ	Α
Λ	Κ	Π	Ε	Π	Λ	Μ	Ο	Κ	Σ	Ό	Κ	Ε	Υ
Α	Ε	Α	Α	Γ	Γ	Ω	Κ	Ά	Τ	Π	Ο	Ρ	Γ
Λ	Λ	Τ	Η	Γ	Ξ	Δ	Υ	Ν	Έ	Ο	Ψ	Ω	Β
Ν	Ε	Ο	Ι	Κ	Ά	Ρ	Ο	Κ	Ρ	Υ	Β	Δ	Ψ
Ί	Π	Η	Γ	Μ	Χ	Λ	Κ	Ο	Ι	Λ	Χ	Ι	Ί
Κ	Ο	Ύ	Κ	Ο	Σ	Μ	Ο	Υ	Τ	Ο	Ψ	Ο	Ξ
Ι	Τ	Ί	Γ	Ρ	Υ	Ο	Π	Σ	Ο	Ι	Α	Σ	Α

ΑΕΤΌΣ
ΑΥΓΌ
ΠΆΠΙΑ
ΚΟΥΚΟΥΒΆΓΙΑ
ΦΛΑΜΊΝΓΚΟ
ΧΉΝΑ
ΚΟΤΌΠΟΥΛΟ
ΚΟΎΚΟΣ
ΓΛΆΡΟΣ
ΠΑΠΑΓΆΛΟΣ
ΠΕΛΕΚΑΝ
ΠΑΓΩΝΙ
ΠΙΓΚΟΥΊΝΟΣ
ΚΟΡΆΚΙ
ΕΡΩΔΙΟΣ
ΚΎΚΝΟΣ
ΣΠΟΥΡΓΊΤΙ
ΠΕΛΑΡΓΌΣ
ΠΕΡΙΣΤΈΡΙ
ΤΟΥΚΆΝ

30 - Elektrizität

Α	Δ	Ί	Κ	Τ	Υ	Ο	Μ	Ρ	Η	Χ	Ρ	Τ	Η
Ν	Σ	Ό	Μ	Σ	Ι	Λ	Π	Ο	Ξ	Ε	Ε	Ψ	Λ
Τ	Ι	Α	Ι	Δ	Ώ	Λ	Α	Κ	Ρ	Β	Ζ	Γ	Ε
Ι	Έ	Ο	Α	Π	Α	Μ	Τ	Ε	Σ	Έ	Ι	Μ	Κ
Κ	Η	Σ	Σ	Ν	Α	Ι	Α	Ξ	Ι	Λ	Έ	Ω	Τ
Ε	Σ	Ο	Γ	Ό	Λ	Ο	Ρ	Τ	Κ	Ε	Λ	Η	Ρ
Ί	Υ	Λ	Ε	Ν	Σ	Ι	Ί	Τ	Ω	Ω	Α	Σ	Ι
Μ	Ε	Β	Ά	Η	Ξ	Δ	Α	Λ	Ή	Π	Τ	Α	Κ
Ε	Κ	Ν	Υ	Μ	Ε	Ώ	Τ	Ο	Ε	Ν	Ψ	Ρ	Ή
Ν	Ή	Σ	Ω	Γ	Π	Λ	Π	Ω	Σ	Έ	Ν	Ό	Δ
Α	Θ	Π	Β	Ω	Μ	Α	Ζ	Ί	Ρ	Π	Π	Ε	Μ
Υ	Ο	Θ	Ε	Τ	Ι	Κ	Ή	Υ	Ο	Π	Ε	Λ	Γ
Λ	Π	Μ	Α	Γ	Ν	Ή	Τ	Η	Σ	Ε	Ε	Η	Α
Π	Α	Τ	Η	Τ	Ό	Σ	Ο	Π	Ο	Υ	Ο	Τ	Λ

ΕΞΟΠΛΙΣΜΌΣ
ΜΠΑΤΑΡΊΑ
ΚΑΛΏΔΙΑ
ΗΛΕΚΤΡΟΛΌΓΟΣ
ΗΛΕΚΤΡΙΚΉ
ΤΗΛΕΌΡΑΣΗ
ΓΕΝΝΉΤΡΙΑ
ΚΑΛΏΔΙΟ
ΑΠΟΘΉΚΕΥΣΗ
ΛΆΜΠΑ
ΛΈΙΖΕΡ
ΜΑΓΝΉΤΗΣ
ΠΟΣΌΤΗΤΑ
ΔΊΚΤΥΟ
ΑΝΤΙΚΕΊΜΕΝΑ
ΘΕΤΙΚΉ
ΠΡΊΖΑ

31 - Antarktis

Ε	Ρ	Ε	Υ	Ν	Η	Τ	Ή	Σ	Λ	Ό	Τ	Ή	Δ
Ξ	Ψ	Ρ	Ν	Ο	Λ	Λ	Ά	Β	Ι	Ρ	Ε	Π	Ι
Ε	Κ	Δ	Ρ	Ο	Μ	Ή	Ε	Ω	Π	Ε	Ο	Ε	Α
Κ	Ό	Λ	Π	Ο	Α	Ν	Ρ	Ε	Β	Ν	Α	Ι	Τ
Τ	Ο	Π	Ο	Γ	Ρ	Α	Φ	Ί	Α	Ψ	Τ	Ρ	Ή
Θ	Ε	Ρ	Μ	Ο	Κ	Ρ	Α	Σ	Ί	Α	Ρ	Ο	Ρ
Γ	Ε	Ω	Γ	Ρ	Α	Φ	Ί	Α	Λ	Η	Χ	Σ	Η
Μ	Ε	Τ	Α	Ν	Ά	Σ	Τ	Ε	Υ	Σ	Η	Ο	Σ
Ο	Ν	Η	Σ	Ι	Ά	Ά	Ν	Ε	Μ	Ο	Ι	Γ	Η
Ρ	Ξ	Μ	Λ	Π	Υ	Ψ	Π	Ο	Υ	Λ	Ι	Ά	Τ
Υ	Γ	Δ	Μ	Η	Π	Σ	Π	Α	Ω	Τ	Ρ	Π	Ρ
Κ	Ε	Π	Ι	Σ	Τ	Η	Μ	Ο	Ν	Ι	Κ	Ή	Λ
Τ	Χ	Ε	Ρ	Σ	Ό	Ν	Η	Σ	Ο	Β	Η	Τ	Υ
Ά	Κ	Α	Ι	Ρ	Ό	Σ	Η	Δ	Ώ	Χ	Α	Ρ	Β

ΚΌΛΠΟ
ΠΆΓΟΣ
ΔΙΑΤΉΡΗΣΗ
ΕΚΔΡΟΜΉ
ΒΡΑΧΏΔΗΣ
ΕΡΕΥΝΗΤΉΣ
ΓΕΩΓΡΑΦΊΑ
ΧΕΡΣΌΝΗΣΟ
ΝΗΣΙΆ
ΉΠΕΙΡΟΣ

ΜΕΤΑΝΆΣΤΕΥΣΗ
ΟΡΥΚΤΆ
ΘΕΡΜΟΚΡΑΣΊΑ
ΤΟΠΟΓΡΑΦΊΑ
ΠΕΡΙΒΆΛΛΟΝ
ΠΟΥΛΙΆ
ΝΕΡΌ
ΚΑΙΡΌΣ
ΆΝΕΜΟΙ
ΕΠΙΣΤΗΜΟΝΙΚΉ

32 - Fahren

Β	Σ	Κ	Μ	Α	Σ	Φ	Ά	Λ	Ε	Ι	Α	Ρ	Κ
Υ	Ή	Υ	Ο	Φ	Ο	Ρ	Τ	Η	Γ	Ό	Ψ	Τ	Ι
Α	Ρ	Κ	Τ	Λ	Σ	Χ	Α	Τ	Ί	Δ	Ω	Έ	Ν
Β	Α	Λ	Ο	Ε	Ψ	Ά	Ν	Τ	Ι	Ξ	Ε	Ι	Δ
Α	Γ	Ο	Σ	Ω	Ε	Ρ	Έ	Τ	Ύ	Α	Έ	Ψ	Ύ
Έ	Γ	Φ	Υ	Φ	Α	Ο	Ρ	Τ	Ί	Χ	Χ	Α	Ν
Ρ	Α	Ο	Κ	Ο	Ο	Φ	Φ	Υ	Β	Ψ	Η	Ί	Ο
Ι	Π	Ρ	Λ	Ρ	Κ	Α	Ύ	Σ	Ι	Μ	Ο	Μ	Υ
Ο	Ε	Ί	Έ	Ε	Υ	Τ	Μ	Ο	Τ	Έ	Ρ	Ο	Α
Χ	Τ	Α	Τ	Ί	Ν	Ε	Ά	Δ	Ε	Ι	Α	Ν	Ε
Ί	Ά	Μ	Α	Ο	Ξ	Μ	Ξ	Τ	Ί	Η	Ω	Υ	Β
Ζ	Ά	Ρ	Α	Κ	Γ	Ο	Λ	Χ	Ω	Ε	Λ	Τ	Υ
Ι	Γ	Α	Τ	Η	Τ	Ύ	Χ	Α	Τ	Τ	Δ	Σ	Ο
Δ	Ν	Ο	Τ	Η	Ν	Ί	Κ	Ο	Τ	Υ	Α	Α	Γ

ΑΥΤΟΚΊΝΗΤΟ
ΦΡΈΝΑ
ΚΑΎΣΙΜΟ
ΛΕΩΦΟΡΕΊΟ
ΓΚΑΡΆΖ
ΑΈΡΙΟ
ΚΙΝΔΎΝΟΥ
ΤΑΧΎΤΗΤΑ
ΧΆΡΤΗ
ΆΔΕΙΑ
ΦΟΡΤΗΓΌ
ΜΟΤΈΡ
ΜΟΤΟΣΥΚΛΈΤΑ
ΑΣΤΥΝΟΜΊΑ
ΑΣΦΆΛΕΙΑ
ΜΕΤΑΦΟΡΆ
ΣΉΡΑΓΓΑ
ΑΤΎΧΗΜΑ
ΚΥΚΛΟΦΟΡΊΑ

33 - Physik

Σ	Ω	Μ	Α	Τ	Ί	Δ	Ι	Ο	Μ	Ι	Ρ	Α	Δ
Η	Λ	Ε	Κ	Τ	Ρ	Ό	Ν	Ι	Ο	Σ	Χ	Γ	Ω
Μ	Α	Γ	Ν	Η	Τ	Ι	Σ	Μ	Ό	Σ	Ο	Ά	Χ
Μ	Ε	Π	Ι	Τ	Ά	Χ	Υ	Ν	Σ	Η	Γ	Π	Μ
Υ	Η	Β	Χ	Ε	Ά	Ξ	Ρ	Τ	Γ	Ι	Έ	Σ	Ό
Μ	Ξ	Χ	Α	Τ	Η	Τ	Ό	Ν	Κ	Υ	Π	Ξ	Ρ
Ψ	Η	Γ	Α	Χ	Ψ	Γ	Ο	Χ	Ψ	Δ	Ξ	Έ	Ι
Μ	Ί	Χ	Έ	Ν	Χ	Ω	Λ	Μ	Χ	Π	Ξ	Σ	Ο
Ά	Δ	Σ	Α	Ο	Ι	Ρ	Έ	Α	Ο	Λ	Β	Ο	Ψ
Ζ	Γ	Ρ	Ί	Ν	Ή	Κ	Ι	Ν	Η	Ρ	Υ	Π	Ξ
Α	Γ	Υ	Π	Ω	Ή	Σ	Ή	Π	Σ	Π	Β	Ύ	Ε
Σ	Χ	Ε	Τ	Ι	Κ	Ό	Τ	Η	Τ	Α	Ξ	Τ	Δ
Τ	Α	Χ	Ύ	Τ	Η	Τ	Α	Χ	Η	Μ	Ι	Κ	Ή
Ι	Ψ	Μ	Λ	Ί	Ω	Π	Ε	Ί	Ρ	Α	Μ	Α	Ί

ΆΤΟΜΟ
ΕΠΙΤΆΧΥΝΣΗ
ΧΆΟΣ
ΧΗΜΙΚΉ
ΠΥΚΝΌΤΗΤΑ
ΗΛΕΚΤΡΌΝΙΟ
ΠΕΊΡΑΜΑ
ΤΎΠΟΣ
ΑΈΡΙΟ

ΤΑΧΎΤΗΤΑ
ΜΑΓΝΗΤΙΣΜΌΣ
ΜΆΖΑ
ΜΗΧΑΝΙΚΉ
ΜΌΡΙΟ
ΜΗΧΑΝΉ
ΠΥΡΗΝΙΚΉ
ΣΩΜΑΤΊΔΙΟ
ΣΧΕΤΙΚΌΤΗΤΑ

34 - Bücher

Ψ	Τ	Ε	Γ	Π	Ο	Β	Έ	Ε	Τ	Ό	Ω	Ω	Γ
Ε	Α	Γ	Ρ	Ο	Ψ	Μ	Δ	Φ	Ί	Κ	Ψ	Ξ	Σ
Η	Ξ	Ν	Α	Ί	Ι	Ξ	Ε	Ε	Ω	Ι	Σ	Ι	Ν
Σ	Ί	Ι	Π	Η	Χ	Λ	Γ	Υ	Α	Τ	Ε	Ψ	Β
Η	Ή	Ξ	Τ	Μ	Η	Ο	Ψ	Ρ	Υ	Σ	Ι	Ο	Ο
Ί	Τ	Τ	Ή	Α	Ί	Ψ	Σ	Ε	Η	Ι	Ρ	Ι	Υ
Ο	Ρ	Ο	Η	Ή	Π	Έ	Υ	Τ	Π	Ρ	Ά	Γ	Μ
Π	Α	Λ	Β	Γ	Ρ	Ό	Κ	Ι	Ρ	Ο	Τ	Σ	Ι
Ο	Γ	Β	Υ	Ο	Η	Ι	Χ	Κ	Έ	Μ	Χ	Ο	Μ
Δ	Ι	Υ	Ρ	Λ	Γ	Φ	Σ	Ή	Σ	Υ	Μ	Ι	Υ
Ο	Κ	Σ	Ε	Λ	Ί	Δ	Α	Ί	Ρ	Ο	Τ	Σ	Ι
Τ	Ή	Π	Ί	Υ	Ε	Π	Ι	Κ	Ή	Ι	Δ	Ο	Ρ
Π	Λ	Α	Ί	Σ	Ι	Ο	Λ	Υ	Ρ	Χ	Α	Χ	Π
Δ	Υ	Α	Δ	Ι	Κ	Ό	Τ	Η	Τ	Α	Χ	Μ	Σ

ΔΥΑΔΙΚΌΤΗΤΑ
ΕΠΙΚΉ
ΕΦΕΥΡΕΤΙΚΉ
ΑΦΗΓΗΤΉΣ
ΠΟΊΗΜΑ
ΙΣΤΟΡΊΑ
ΓΡΑΠΤΉ
ΙΣΤΟΡΙΚΌ
ΧΙΟΥΜΟΡΙΣΤΙΚΌ
ΣΥΛΛΟΓΉ
ΠΛΑΊΣΙΟ
ΠΟΊΗΣΗ
ΣΕΛΊΔΑ
ΣΕΙΡΆ
ΤΡΑΓΙΚΉ

35 - Menschlicher Körper

Π	Α	Μ	Ρ	Έ	Δ	Ψ	Ι	Ν	Ό	Γ	Α	Σ	Ψ
Η	Μ	Σ	Ό	Μ	Ι	Α	Λ	Ψ	Έ	Σ	Ρ	Α	Β
Γ	Ό	Σ	Τ	Ι	Η	Σ	Ά	Γ	Μ	Χ	Μ	Σ	Σ
Ο	Τ	Χ	Χ	Ρ	Β	Α	Φ	Ί	Τ	Υ	Α	Σ	Ν
Ύ	Σ	Μ	Ί	Έ	Ά	Λ	Ε	Ξ	Ξ	Ί	Α	Ώ	Ο
Ν	Β	Ί	Μ	Χ	Α	Γ	Κ	Ψ	Α	Μ	Ι	Λ	Τ
Ι	Δ	Ό	Π	Υ	Τ	Ώ	Α	Π	Υ	Ύ	Ι	Γ	Ό
Υ	Δ	Ρ	Υ	Ο	Ι	Μ	Ν	Λ	Χ	Τ	Κ	Ό	Η
Ρ	Ο	Ο	Π	Μ	Α	Ο	Ώ	Ξ	Ο	Η	Α	Ν	Μ
Έ	Έ	Έ	Α	Ε	Γ	Σ	Κ	Έ	Υ	Σ	Ρ	Α	Α
Π	Ρ	Ό	Σ	Ω	Π	Ο	Γ	Π	Μ	Π	Δ	Τ	Α
Μ	Γ	Η	Ψ	Υ	Χ	Μ	Α	Ο	Α	Μ	Ι	Ο	Χ
Ρ	Π	Ε	Α	Ί	Ψ	Π	Ω	Π	Λ	Ω	Ά	Π	Β
Δ	Ά	Χ	Τ	Υ	Λ	Ο	Χ	Α	Ί	Μ	Α	Ψ	Ι

ΠΌΔΙ
ΑΊΜΑ
ΑΓΚΏΝΑ
ΔΆΧΤΥΛΟ
ΜΥΑΛΌ
ΠΡΌΣΩΠΟ
ΛΑΙΜΌΣ
ΧΈΡΙ
ΔΈΡΜΑ
ΚΑΡΔΙΆ
ΣΑΓΌΝΙ
ΠΗΓΟΎΝΙ
ΓΌΝΑΤΟ
ΑΣΤΡΆΓΑΛΟΣ
ΚΕΦΆΛΙ
ΣΤΌΜΑ
ΜΎΤΗ
ΑΥΤΊ
ΏΜΟΣ
ΓΛΏΣΣΑ

36 - Landschaften

Κ	Λ	Ί	Μ	Ν	Η	Ν	Ο	Δ	Μ	Έ	Γ	Ν	Β
Π	Α	Ρ	Ο	Ν	Υ	Ο	Β	Ό	Γ	Α	Π	Η	Ξ
Α	Η	Τ	Ι	Δ	Υ	Ψ	Δ	Η	Ψ	Ο	Χ	Σ	Σ
Ρ	Φ	Ό	Α	Ρ	Δ	Ν	Ύ	Ο	Τ	Α	Ο	Ί	Π
Α	Α	Α	Λ	Ρ	Π	Α	Γ	Ε	Τ	Ώ	Ν	Α	Σ
Λ	Ί	Σ	Ή	Β	Ρ	Γ	Σ	Σ	Τ	Π	Ψ	Κ	Ό
Ί	Σ	Η	Π	Έ	Ο	Ά	Υ	Έ	Ρ	Α	Ι	Ο	Μ
Α	Τ	Σ	Σ	Ω	Ί	Υ	Κ	Π	Ο	Ρ	Τ	Ι	Α
Γ	Ε	Μ	Έ	Δ	Σ	Ί	Ν	Τ	Ο	Φ	Ό	Λ	Τ
Ι	Ι	Ε	Ρ	Ή	Μ	Ο	Υ	Ό	Η	Γ	Ψ	Ά	Ο
Σ	Ο	Π	Λ	Ό	Κ	Σ	Ρ	Χ	Ί	Ξ	Ψ	Δ	Π
Λ	Ι	Μ	Ν	Ο	Θ	Ά	Λ	Α	Σ	Σ	Α	Α	Ω
Ν	Έ	Σ	Χ	Ε	Ρ	Σ	Ό	Ν	Η	Σ	Ο	Ν	Ψ
Θ	Ά	Λ	Α	Σ	Σ	Α	Β	Ά	Λ	Τ	Ο	Σ	Ψ

ΒΟΥΝΌ
ΠΑΓΌΒΟΥΝΟ
ΠΟΤΑΜΌΣ
ΠΑΓΕΤΏΝΑΣ
ΚΌΛΠΟΣ
ΧΕΡΣΌΝΗΣΟ
ΣΠΉΛΑΙΟ
ΛΌΦΟ
ΝΗΣΊ
ΛΙΜΝΟΘΆΛΑΣΣΑ
ΘΆΛΑΣΣΑ
ΌΑΣΗ
ΛΊΜΝΗ
ΠΑΡΑΛΊΑ
ΒΆΛΤΟΣ
ΚΟΙΛΆΔΑ
ΤΟΎΝΔΡΑ
ΗΦΑΊΣΤΕΙΟ
ΚΑΤΑΡΡΆΚΤΗ
ΕΡΉΜΟΥ

37 - Abenteuer

Ε	Α	Σ	Υ	Ν	Ή	Θ	Ι	Σ	Τ	Ο	Ρ	Ψ	Α
Υ	Δ	Υ	Σ	Κ	Ο	Λ	Ί	Α	Ι	Μ	Δ	Β	Υ
Κ	Λ	Ε	Κ	Δ	Ρ	Ο	Μ	Ή	Ν	Ί	Ψ	Ν	Α
Α	Ι	Ε	Λ	Ά	Φ	Σ	Α	Ρ	Ρ	Έ	Ν	Ω	Ξ
Ι	Δ	Ρ	Ο	Μ	Ο	Λ	Ό	Γ	Ι	Ο	Α	Ι	Α
Ρ	Α	Τ	Η	Τ	Ό	Ι	Ρ	Η	Τ	Σ	Α	Ρ	Δ
Ί	Φ	Α	Ι	Σ	Ε	Έ	Ε	Ψ	Ξ	Δ	Ν	Χ	Ο
Α	Ί	Ξ	Σ	Η	Ύ	Δ	Έ	Έ	Ο	Β	Ω	Χ	Μ
Η	Λ	Ί	Ρ	Η	Ε	Φ	Ψ	Μ	Έ	Λ	Ψ	Α	Ο
Τ	Ο	Δ	Π	Α	Ρ	Α	Σ	Κ	Ε	Υ	Ή	Ρ	Ρ
Γ	Ι	Ι	Π	Λ	Ο	Ή	Γ	Η	Σ	Η	Έ	Ά	Φ
Ε	Ν	Θ	Ο	Υ	Σ	Ι	Α	Σ	Μ	Ό	Σ	Λ	Ι
Ε	Π	Ι	Κ	Ί	Ν	Δ	Υ	Ν	Ο	Δ	Η	Σ	Ά
Ω	Η	Γ	Ε	Ν	Ν	Α	Ι	Ό	Τ	Η	Τ	Α	Ε

ΔΡΑΣΤΗΡΙΌΤΗΤΑ
ΕΚΔΡΟΜΉ
ΕΝΘΟΥΣΙΑΣΜΌΣ
ΕΥΚΑΙΡΊΑ
ΧΑΡΆ
ΦΊΛΟΙ
ΕΠΙΚΊΝΔΥΝΟ
ΦΎΣΗ
ΠΛΟΉΓΗΣΗ
ΝΈΑ
ΤΑΞΊΔΙ
ΔΡΟΜΟΛΌΓΙΟ
ΟΜΟΡΦΙΆ
ΔΥΣΚΟΛΊΑ
ΑΣΦΆΛΕΙΑ
ΓΕΝΝΑΙΌΤΗΤΑ
ΑΣΥΝΉΘΙΣΤΟ
ΠΑΡΑΣΚΕΥΉ

38 - Flugzeuge

Ή	Κ	Ι	Τ	Ο	Λ	Ι	Π	Ί	Ω	Ξ	Κ	Γ	Π
Ξ	Β	Ψ	Σ	Α	Ρ	Έ	Α	Ί	Ι	Μ	Α	Ν	Δ
Ί	Α	Ι	Ε	Τ	Έ	Π	Ι	Ρ	Ε	Π	Τ	Ψ	Α
Α	Λ	Ω	Η	Λ	Ο	Ω	Λ	Α	Μ	Κ	Α	Α	Λ
Κ	Α	Ι	Ρ	Ό	Σ	Ρ	Β	Β	Η	Α	Σ	Τ	Φ
Π	Λ	Ή	Ρ	Ω	Μ	Α	Ί	Ω	Χ	Τ	Κ	Μ	Ο
Σ	Έ	Ν	Μ	Μ	Υ	Ω	Ρ	Α	Α	Α	Ε	Ό	Υ
Χ	Μ	Λ	Ξ	Π	Ω	Δ	Ψ	Η	Ν	Γ	Υ	Σ	Σ
Έ	Π	Ω	Ι	Χ	Έ	Α	Ρ	Η	Ή	Ω	Ή	Φ	Κ
Δ	Α	Σ	Ψ	Κ	Σ	Α	Ω	Ο	Μ	Γ	Υ	Α	Ώ
Ι	Λ	Σ	Ό	Ν	Α	Ρ	Υ	Ο	Γ	Ή	Υ	Ι	Ν
Ο	Ό	Ο	Μ	Ι	Σ	Ύ	Α	Κ	Ι	Ό	Ρ	Ρ	Ο
Υ	Ν	Ψ	Ε	Π	Ι	Β	Ά	Τ	Η	Τ	Ν	Α	Υ
Ψ	Ι	Υ	Α	Ν	Α	Τ	Α	Ρ	Α	Χ	Ή	Ο	Ν

ΠΕΡΙΠΈΤΕΙΑ
ΚΑΤΑΓΩΓΉ
ΑΤΜΌΣΦΑΙΡΑ
ΦΟΥΣΚΏΝΟΥΝ
ΜΠΑΛΌΝΙ
ΚΑΎΣΙΜΟ
ΠΛΉΡΩΜΑ
ΣΧΈΔΙΟ
ΙΣΤΟΡΊΑ
ΟΥΡΑΝΌΣ
ΥΨΟΣ
ΚΑΤΑΣΚΕΥΉ
ΑΈΡΑΣ
ΜΗΧΑΝΉ
ΕΠΙΒΆΤΗ
ΠΙΛΟΤΙΚΉ
ΈΛΙΚΑ
ΑΝΑΤΑΡΑΧΉ
ΥΔΡΟΓΌΝΟ
ΚΑΙΡΌΣ

39 - Haartypen

Π	Σ	Ε	Δ	Ύ	Ο	Ξ	Ε	Λ	Π	Ο	Π	Ω	Ω
Τ	Λ	Ι	Ι	Ρ	Κ	Γ	Γ	Η	Ο	Μ	Α	Χ	Μ
Τ	Σ	Ε	Λ	Κ	Ύ	Ο	Π	Μ	Λ	Α	Χ	Ο	Υ
Χ	Τ	Π	Γ	Α	Λ	Ε	Π	Τ	Ή	Λ	Ύ	Ί	Γ
Κ	Α	Φ	Έ	Μ	Ε	Χ	Ω	Χ	Ι	Ή	Ε	Η	Μ
Ι	Λ	Ί	Η	Ν	Έ	Έ	Ί	Ο	Γ	Ι	Β	Ο	Α
Μ	Α	Λ	Α	Κ	Ό	Ν	Ί	Ω	Υ	Τ	Λ	Ω	Ύ
Κ	Ο	Ν	Τ	Ό	Ε	Μ	Ο	Δ	Β	Π	Χ	Ξ	Ρ
Ξ	Η	Ρ	Ό	Κ	Ξ	Σ	Σ	Γ	Ο	Υ	Ρ	Ά	Ο
Ξ	Ψ	Σ	Δ	Υ	Φ	Α	Λ	Α	Κ	Ρ	Ό	Σ	Β
Ο	Α	Ά	Ρ	Ε	Π	Μ	Α	Λ	Έ	Μ	Ν	Ω	Ω
Ο	Ε	Ν	Μ	Λ	Α	Σ	Η	Μ	Έ	Ν	Ι	Ο	Τ
Γ	Ε	Η	Θ	Ι	Η	Ρ	Ε	Ν	Ε	Ο	Ε	Σ	Χ
Χ	Ξ	Έ	Χ	Ά	Ξ	Υ	Α	Ί	Ί	Χ	Δ	Ί	Ί

ΞΑΝΘΆ
ΚΑΦΈ
ΠΑΧΎ
ΛΕΠΤΉ
ΠΛΕΓΜΈΝΟ
ΥΓΙΉ
ΟΜΑΛΉ
ΛΑΜΠΕΡΆ
ΓΚΡΙ
ΦΑΛΑΚΡΌΣ
ΚΟΝΤΌ
ΜΑΚΡΎ
ΜΠΟΎΚΛΕΣ
ΣΓΟΥΡΆ
ΜΑΎΡΟ
ΑΣΗΜΈΝΙΟ
ΞΗΡΌ
ΜΑΛΑΚΌ
ΛΕΥΚΌ
ΠΛΕΞΟΎΔΕΣ

40 - Essen #1

Ε	Σ	Ό	Μ	Υ	Χ	Ί	Δ	Ξ	Μ	Κ	Λ	Σ	Δ
Ί	Ί	Ο	Δ	Ρ	Ό	Κ	Σ	Η	Ξ	Α	Ε	Ξ	Ψ
Ω	Ι	Υ	Ύ	Ε	Μ	Τ	Γ	Λ	Λ	Ν	Μ	Έ	Δ
Ζ	Δ	Ω	Ο	Π	Α	Υ	Ό	Υ	Ξ	Έ	Ό	Λ	Υ
Σ	Ά	Έ	Π	Ο	Α	Γ	Έ	Ν	Π	Λ	Ν	Π	Κ
Α	Λ	Χ	Η	Τ	Ν	Ω	Ν	Π	Ο	Α	Ι	Έ	Α
Λ	Χ	Ψ	Α	Ό	Σ	Ο	Έ	Ί	Σ	Σ	Γ	Κ	Φ
Ά	Α	Ν	Λ	Ρ	Σ	Π	Α	Ν	Ά	Κ	Ι	Ρ	Έ
Τ	Γ	Ρ	Υ	Α	Η	Ν	Ε	Ψ	Μ	Ε	Λ	Έ	Α
Α	Ά	Ύ	Ο	Κ	Ι	Λ	Ι	Σ	Α	Β	Ύ	Α	Λ
Ψ	Λ	Π	Ά	Έ	Β	Π	Ρ	Υ	Λ	Π	Γ	Σ	Ά
Β	Α	Ν	Ρ	Ξ	Β	Ν	Ι	Ξ	Γ	Γ	Γ	Ε	Τ
Δ	Ι	Έ	Φ	Δ	Ι	Α	Χ	Γ	Γ	Ψ	Ο	Ν	Ι
Φ	Ι	Σ	Τ	Ί	Κ	Ι	Έ	Ψ	Γ	Λ	Γ	Ο	Λ

ΒΑΣΙΛΙΚΟΎ
ΑΧΛΆΔΙ
ΦΡΆΟΥΛΑ
ΦΙΣΤΊΚΙ
ΚΡΈΑΣ
ΚΑΦΈ
ΚΑΡΌΤΟ
ΣΚΌΡΔΟ
ΓΆΛΑ
ΓΟΓΓΎΛΙ
ΧΥΜΌΣ
ΣΑΛΆΤΑ
ΑΛΆΤΙ
ΣΠΑΝΆΚΙ
ΣΟΎΠΑ
ΤΌΝΟΣ
ΚΑΝΈΛΑ
ΛΕΜΌΝΙ
ΖΆΧΑΡΗ

41 - Ethik

Α	Τ	Ο	Μ	Ι	Κ	Ι	Σ	Μ	Ό	Σ	Υ	Χ	Τ
Ω	Υ	Π	Ο	Μ	Ο	Ν	Ή	Δ	Ρ	Ω	Υ	Ί	Ε
Φ	Ι	Λ	Ο	Σ	Ο	Φ	Ί	Α	Έ	Ω	Υ	Ψ	Ι
Α	Ι	Σ	Ι	Ο	Δ	Ο	Ξ	Ί	Α	Α	Υ	Α	Λ
Δ	Δ	Τ	Ο	Γ	Ν	Η	Α	Φ	Γ	Τ	Σ	Λ	Ι
Λ	Β	Σ	Γ	Δ	Σ	Ι	Τ	Ο	Λ	Η	Υ	Τ	Κ
Ξ	Σ	Ί	Ο	Ο	Ο	Λ	Η	Σ	Ο	Τ	Μ	Ρ	Ρ
Δ	Ι	Π	Λ	Ω	Μ	Α	Τ	Ι	Κ	Ό	Π	Ο	Ί
Ί	Ν	Ψ	Ύ	Μ	Σ	Δ	Ό	Χ	Η	Π	Ό	Υ	Ν
Γ	Δ	Έ	Ε	Σ	Ι	Ε	Κ	Ί	Σ	Ω	Ν	Ι	Ε
Α	Έ	Έ	Β	Ξ	Λ	Ι	Ι	Υ	Μ	Ρ	Ι	Σ	Ι
Σ	Ξ	Ρ	Δ	Ω	Α	Ψ	Γ	Ξ	Τ	Θ	Α	Μ	Α
Δ	Χ	Ω	Η	Α	Ε	Τ	Ο	Ρ	Α	Ν	Μ	Ό	Ι
Ί	Σ	Υ	Σ	Ψ	Ρ	Ν	Λ	Δ	Ν	Α	Γ	Σ	Έ

ΑΛΤΡΟΥΙΣΜΌΣ
ΔΙΠΛΩΜΑΤΙΚΌ
ΕΙΛΙΚΡΊΝΕΙΑ
ΥΠΟΜΟΝΉ
ΑΤΟΜΙΚΙΣΜΌΣ
ΑΝΘΡΩΠΌΤΗΤΑ
ΣΥΜΠΌΝΙΑ
ΑΙΣΙΟΔΟΞΊΑ
ΦΙΛΟΣΟΦΊΑ
ΛΟΓΙΚΌΤΗΤΑ
ΡΕΑΛΙΣΜΟΣ
ΈΥΛΟΓΟ
ΣΟΦΊΑ
ΑΞΙΕΣ

42 - Gebäude

Η	Μ	Β	Β	Γ	Κ	Α	Ρ	Ά	Ζ	Ί	Ν	Ξ	Ξ
Σ	Κ	Η	Ν	Ή	Υ	Μ	Τ	Χ	Ο	Υ	Λ	Ε	Ε
Α	Γ	Ρ	Ό	Κ	Τ	Η	Μ	Α	Ί	Έ	Μ	Ν	Ν
Υ	Έ	Έ	Σ	Ο	Ο	Λ	Α	Ι	Ε	Γ	Α	Ώ	Ο
Π	Α	Ν	Ε	Π	Ι	Σ	Τ	Ή	Μ	Ι	Ο	Ν	Δ
Μ	Ν	Ψ	Η	Ο	Δ	Τ	Ο	Ι	Ο	Σ	Ι	Α	Ο
Ά	Ώ	Ο	Γ	Γ	Ά	Υ	Ί	Χ	Κ	Χ	Ρ	Σ	Χ
Ρ	Ρ	Ρ	Υ	Τ	Τ	Υ	Ω	Π	Ο	Ο	Ή	Π	Ε
Κ	Υ	Υ	Η	Τ	Σ	Ρ	Α	Υ	Σ	Λ	Τ	Ύ	Ί
Ε	Χ	Θ	Έ	Α	Τ	Ρ	Ο	Ρ	Ο	Ε	Σ	Ρ	Ο
Τ	Α	Ν	Ί	Π	Μ	Α	Κ	Τ	Ν	Ί	Α	Γ	Β
Ε	Ρ	Γ	Ο	Σ	Τ	Ά	Σ	Ι	Ο	Ο	Γ	Ο	Π
Π	Ρ	Ε	Σ	Β	Ε	Ί	Α	Μ	Χ	Ι	Ρ	Σ	Η
Μ	Ο	Υ	Σ	Ε	Ί	Ο	Ψ	Σ	Ω	Έ	Ε	Ν	Υ

ΑΓΡΌΚΤΗΜΑ
ΠΡΕΣΒΕΊΑ
ΕΡΓΟΣΤΆΣΙΟ
ΓΚΑΡΆΖ
ΣΠΊΤΙ
ΞΕΝΏΝΑΣ
ΞΕΝΟΔΟΧΕΊΟ
ΚΑΜΠΊΝΑ
ΝΟΣΟΚΟΜΕΊΟ
ΕΡΓΑΣΤΉΡΙΟ
ΜΟΥΣΕΊΟ
ΑΧΥΡΏΝΑ
ΣΧΟΛΕΊΟ
ΣΤΆΔΙΟ
ΜΆΡΚΕΤ
ΘΈΑΤΡΟ
ΠΎΡΓΟΣ
ΠΑΝΕΠΙΣΤΉΜΙΟ
ΣΚΗΝΉ

43 - Mode

Η	Ο	Α	Σ	Ε	Α	Έ	Έ	Κ	Λ	Μ	Λ	Ύ	Π
Υ	Φ	Ή	Κ	Ο	Ι	Ρ	Τ	Έ	Μ	Ι	Η	Φ	Ρ
Ο	Υ	Σ	Ο	Ρ	Έ	Ι	Ξ	Ν	Ο	Ν	Υ	Α	Α
Ό	Χ	Ό	Ξ	Σ	Ι	Ρ	Τ	Τ	Ν	Ι	Δ	Σ	Κ
Ψ	Ο	Λ	Γ	Λ	Π	Β	Ι	Η	Τ	Μ	Ρ	Μ	Τ
Μ	Ν	Π	Ή	Υ	Ψ	Ν	Ά	Μ	Έ	Α	Μ	Α	Ι
Ο	Δ	Α	Ν	Τ	Έ	Λ	Α	Α	Ρ	Λ	Ε	Έ	Κ
Κ	Ξ	Ε	Δ	Σ	Ι	Ο	Γ	Σ	Ν	Ι	Α	Ο	Ή
Ο	Τ	Ά	Σ	Η	Έ	Σ	Δ	Ε	Ο	Σ	Ρ	Ρ	Ω
Υ	Ί	Ξ	Γ	Ί	Ά	Έ	Ο	Η	Ρ	Τ	Χ	Ξ	Ι
Μ	Ρ	Ο	Β	Ρ	Ψ	Ν	Ε	Ρ	Υ	Ι	Ι	Ν	Σ
Π	Μ	Ο	Τ	Ί	Β	Ο	Ε	Έ	Π	Κ	Κ	Η	Ι
Ι	Μ	Π	Ο	Υ	Τ	Ί	Κ	Τ	Υ	Ό	Ή	Ξ	Υ
Ά	Λ	Τ	Σ	Ψ	Β	Η	Σ	Γ	Ο	Β	Γ	Χ	Π

ΜΈΤΡΙΟ
ΜΠΟΥΤΊΚ
ΑΠΛΌΣ
ΚΟΜΨΌ
ΠΡΟΣΙΤΉ
ΆΝΕΤΟ
ΜΙΝΙΜΑΛΙΣΤΙΚΌ
ΜΟΝΤΈΡΝΟ
ΜΟΤΊΒΟ
ΑΡΧΙΚΉ
ΠΡΑΚΤΙΚΉ
ΔΑΝΤΈΛΑ
ΚΈΝΤΗΜΑ
ΣΤΥΛ
ΎΦΑΣΜΑ
ΚΟΥΜΠΙΆ
ΑΚΡΙΒΆ
ΥΦΉ
ΤΆΣΗ

44 - Angeln

Ω	Ν	Λ	Ε	Π	Ο	Χ	Ή	Δ	Χ	Η	Ν	Α	Λ
Π	Κ	Ξ	Ί	Β	Τ	Χ	Σ	Ρ	Ό	Έ	Χ	Μ	Ί
Ο	Σ	Ε	Π	Α	Ρ	Α	Λ	Ί	Α	Λ	Σ	Ί	Μ
Τ	Ό	Έ	Α	Ι	Γ	Ύ	Ρ	Ε	Τ	Π	Ω	Έ	Ν
Α	Μ	Ι	Κ	Ν	Ζ	Υ	Γ	Ί	Ζ	Ω	Γ	Μ	Η
Μ	Σ	Ι	Ρ	Α	Ό	Ί	Κ	Ί	Υ	Α	Ι	Ω	Α
Ό	Ι	Τ	Ά	Τ	Ρ	Σ	Α	Σ	Α	Γ	Ό	Ν	Ι
Σ	Λ	Α	Β	Ε	Ε	Ή	Λ	Ο	Β	Ρ	Ε	Π	Υ
Υ	Π	Ο	Μ	Ο	Ν	Ή	Ά	Χ	Τ	Μ	Υ	Ρ	Λ
Μ	Ο	Ο	Ρ	Ρ	Ε	Ι	Θ	Έ	Τ	Η	Ξ	Χ	Ρ
Γ	Ξ	Σ	Β	Ω	Ύ	Α	Ι	Χ	Γ	Ά	Ρ	Β	Ο
Ω	Ε	Ά	Γ	Κ	Ι	Σ	Τ	Ρ	Ο	Β	Ε	Β	Ί
Μ	Υ	Π	Β	Δ	Ν	Ο	Ν	Χ	Μ	Β	Α	Υ	Ε
Τ	Τ	Ξ	Ω	Ι	Ε	Ν	Λ	Γ	Τ	Ε	Δ	Χ	Ε

ΕΞΟΠΛΙΣΜΌΣ
ΒΆΡΚΑ
ΣΎΡΜΑ
ΠΤΕΡΎΓΙΑ
ΠΟΤΑΜΌΣ
ΥΠΟΜΟΝΉ
ΖΥΓΊΖΩ
ΆΓΚΙΣΤΡΟ
ΕΠΟΧΉ
ΣΑΓΌΝΙ
ΒΡΆΓΧΙΑ
ΚΑΛΆΘΙ
ΔΌΛΩΜΑ
ΩΚΕΑΝΌΣ
ΛΊΜΝΗ
ΠΑΡΑΛΊΑ
ΥΠΕΡΒΟΛΉ
ΝΕΡΌ

45 - Essen #2

Γ	Ξ	Ν	Ο	Λ	Ο	Κ	Ό	Ρ	Π	Μ	Γ	Σ	Μ
Χ	Σ	Ο	Ψ	Ε	Π	Ν	Ε	Β	Έ	Ρ	Έ	Α	Ε
Σ	Μ	Π	Ω	Μ	Υ	Τ	Ί	Ρ	Υ	Τ	Ρ	Α	Λ
Α	Ο	Ί	Μ	Ή	Ν	Ο	Σ	Α	Ά	Τ	Ω	Ρ	Ι
Έ	Ν	Κ	Ί	Λ	Έ	Μ	Ι	Γ	Γ	Σ	Ν	Α	Τ
Χ	Ι	Δ	Ο	Ο	Α	Ά	Τ	Κ	Ι	Η	Ι	Υ	Ζ
Ω	Λ	Ε	Π	Λ	Ν	Τ	Ά	Ι	Α	Ε	Ρ	Γ	Ά
Έ	Έ	Ε	Ν	Ί	Ά	Α	Ρ	Ν	Ο	Τ	Ά	Ό	Ν
Ο	Σ	Β	Λ	Β	Ν	Τ	Ι	Ά	Ύ	Ω	Τ	Π	Α
Ψ	Ά	Ρ	Ι	Μ	Α	Β	Α	Ρ	Ρ	Ο	Ι	Χ	Η
Γ	Β	Ι	Β	Ψ	Π	Ε	Τ	Α	Τ	Ε	Ν	Α	Υ
Ι	Σ	Ζ	Λ	Μ	Μ	Μ	Λ	Β	Ι	Ν	Α	Β	Γ
Α	Μ	Ύ	Γ	Δ	Α	Λ	Ο	Ν	Ό	Π	Μ	Α	Ζ
Έ	Π	Ρ	Σ	Π	Α	Ρ	Ά	Γ	Γ	Ι	Μ	Ξ	Ε

ΜΉΛΟ
ΑΓΚΙΝΆΡΑ
ΜΕΛΙΤΖΆΝΑ
ΜΠΑΝΆΝΑ
ΜΠΡΌΚΟΛΟ
ΨΩΜΊ
ΑΥΓΌ
ΨΆΡΙ
ΓΙΑΟΎΡΤΙ
ΤΥΡΊ
ΚΕΡΆΣΙ
ΑΜΎΓΔΑΛΟ
ΜΑΝΙΤΆΡΙ
ΡΎΖΙ
ΖΑΜΠΌΝ
ΣΟΚΟΛΆΤΑ
ΣΈΛΙΝΟ
ΣΠΑΡΆΓΓΙ
ΝΤΟΜΆΤΑ
ΣΙΤΆΡΙ

46 - Energie

Η	Δ	Γ	Β	Ι	Ο	Μ	Η	Χ	Α	Ν	Ί	Α	Θ
Ω	Λ	Υ	Δ	Ρ	Ο	Γ	Ό	Ν	Ο	Η	Σ	Ά	Ε
Ή	Λ	Ε	Ζ	Ί	Τ	Ν	Ρ	Ο	Α	Λ	Τ	Ν	Ρ
Γ	Λ	Χ	Κ	Μ	Λ	Υ	Ε	Μ	Τ	Ε	Η	Θ	Μ
Π	Δ	Ι	Σ	Τ	Ο	Ε	Χ	Τ	Τ	Κ	Μ	Ρ	Ό
Ά	Υ	Β	Ο	Α	Ρ	Έ	Τ	Ο	Μ	Τ	Ι	Α	Τ
Ν	Ι	Ρ	Ξ	Σ	Έ	Ό	Π	Λ	Π	Ρ	Σ	Κ	Η
Ε	Β	Π	Η	Ν	Ί	Ζ	Ν	Ε	Β	Ι	Ώ	Α	Τ
Μ	Ο	Ν	Χ	Ν	Η	Χ	Ο	Ι	Έ	Κ	Ε	Σ	Α
Ο	Β	Ρ	Ί	Σ	Ι	Μ	Ω	Ο	Ο	Ή	Ν	Δ	Χ
Σ	Ρ	Λ	Α	Μ	Ν	Κ	Η	Υ	Η	Π	Α	Δ	Ψ
Ρ	Ύ	Π	Α	Ν	Σ	Η	Ή	Χ	Η	Υ	Ν	Β	Ι
Φ	Ω	Τ	Ό	Ν	Ι	Ο	Μ	Ι	Σ	Ύ	Α	Κ	Υ
Ε	Σ	Ε	Ν	Τ	Ρ	Ο	Π	Ί	Α	Ρ	Χ	Ξ	Μ

ΒΕΝΖΊΝΗ
ΚΑΎΣΙΜΟ
ΝΤΊΖΕΛ
ΗΛΕΚΤΡΙΚΉ
ΗΛΕΚΤΡΌΝΙΟ
ΕΝΤΡΟΠΊΑ
ΑΝΑΝΕΏΣΙΜΗ
ΘΕΡΜΌΤΗΤΑ
ΒΙΟΜΗΧΑΝΊΑ
ΆΝΘΡΑΚΑΣ
ΜΟΤΈΡ
ΠΥΡΗΝΙΚΉ
ΦΩΤΌΝΙΟ
ΉΛΙΟΣ
ΡΎΠΑΝΣΗ
ΥΔΡΟΓΌΝΟ
ΆΝΕΜΟΣ

47 - Familie

Ή	Φ	Λ	Ε	Δ	Α	Ρ	Έ	Τ	Η	Μ	Ν	Δ	Ξ
Έ	Β	Μ	Ψ	Γ	Ν	Π	Α	Π	Π	Ο	Ύ	Σ	Α
Π	Μ	Έ	Ε	Ε	Ι	Ν	Ό	Γ	Γ	Ε	Π	Ο	Δ
Χ	Ρ	Τ	Ω	Β	Ψ	Θ	Υ	Γ	Ψ	Ν	Ρ	Φ	Έ
Β	Χ	Η	Δ	Ξ	Ι	Ν	Ε	Ν	Τ	Ν	Η	Λ	Ρ
Υ	Έ	Ν	Η	Ρ	Ό	Κ	Η	Ί	Π	Ο	Υ	Ε	Φ
Ι	Έ	Ν	Ν	Ι	Σ	Ι	Σ	Μ	Ο	Ε	Π	Δ	Η
Π	Ρ	Ό	Γ	Ο	Ν	Ο	Σ	Σ	Π	Σ	Δ	Α	Π
Ω	Θ	Π	Α	Τ	Έ	Ρ	Α	Σ	Π	Α	Ι	Δ	Ί
Δ	Ε	Α	Ν	Ι	Ψ	Ι	Ά	Γ	Ι	Α	Γ	Ι	Ά
Ξ	Ί	Η	Σ	Ύ	Ζ	Υ	Γ	Ο	Σ	Λ	Α	Ψ	Ε
Ω	Α	Γ	Υ	Ν	Α	Ί	Κ	Α	Μ	Υ	Δ	Ί	Δ
Μ	Η	Τ	Ρ	Ι	Κ	Ή	Ξ	Ο	Ρ	Ι	Ο	Έ	Χ
Ξ	Ο	Ξ	Δ	Π	Α	Τ	Ρ	Ι	Κ	Ή	Σ	Ξ	Ω

ΑΔΕΛΦΟΣ
ΓΥΝΑΊΚΑ
ΣΎΖΥΓΟΣ
ΕΓΓΌΝΙ
ΓΙΑΓΙΆ
ΠΑΠΠΟΎΣ
ΠΑΙΔΊ
ΜΗΤΈΡΑ
ΜΗΤΡΙΚΉ
ΑΝΙΨΙΌΣ

ΑΝΙΨΙΆ
ΘΕΊΟΣ
ΑΔΕΛΦΉ
ΘΕΊΑ
ΚΌΡΗ
ΠΑΤΈΡΑΣ
ΠΑΤΡΙΚΉ
ΞΑΔΈΡΦΗ
ΠΡΌΓΟΝΟΣ
ΔΊΔΥΜΑ

48 - Pflanzen

Λ	Π	Κ	Ο	Ί	Μ	Π	Η	Ο	Α	Κ	Α	Β	Χ
Ο	Γ	Ι	Η	Φ	Α	Σ	Ό	Λ	Ι	Ή	Λ	Α	Β
Υ	Β	Σ	Υ	Η	Δ	Γ	Χ	Α	Ξ	Π	Β	Ψ	Ο
Λ	Ο	Σ	Υ	Α	Ί	Ο	Ξ	Τ	Ξ	Ο	Χ	Υ	Ί
Ο	Τ	Ό	Α	Μ	Ρ	Χ	Μ	Έ	Α	Σ	Π	Σ	Γ
Ύ	Α	Σ	Ζ	Ω	Ω	Β	Μ	Π	Α	Μ	Π	Ο	Ύ
Δ	Ν	Β	Ί	Λ	Λ	Δ	Ό	Σ	Υ	Χ	Ρ	Σ	Γ
Ι	Ι	Ί	Ρ	Λ	Χ	Χ	Έ	Τ	Ω	Ί	Λ	Α	Ρ
Η	Κ	Ο	Ρ	Ύ	Ο	Μ	Υ	Ν	Α	Ρ	Ψ	Δ	Α
Ψ	Ή	Ω	Ε	Φ	Α	Ν	Ο	Φ	Τ	Ν	Γ	Ω	Σ
Β	Λ	Ά	Σ	Τ	Η	Σ	Η	Ύ	Ο	Ρ	Ο	Δ	Ί
Κ	Ά	Κ	Τ	Ο	Σ	Λ	Ψ	Λ	Ν	Ι	Ο	Γ	Δ
Λ	Ί	Π	Α	Σ	Μ	Α	Μ	Λ	Λ	Ω	Α	Σ	Ι
Ε	Ο	Π	Δ	Ο	Ν	Ξ	Η	Ο	Ο	Ρ	Ί	Β	Υ

ΜΠΑΜΠΟΎ
ΔΈΝΤΡΟ
ΜΟΎΡΟ
ΦΎΛΛΟ
ΛΟΥΛΟΎΔΙ
ΠΈΤΑΛΟ
ΦΑΣΌΛΙ
ΒΟΤΑΝΙΚΉ
ΛΊΠΑΣΜΑ
ΚΙΣΣΌΣ
ΧΛΩΡΊΔΑ
ΚΉΠΟΣ
ΓΡΑΣΊΔΙ
ΚΆΚΤΟΣ
ΒΌΤΑΝΟ
ΦΎΛΛΩΜΑ
ΒΡΎΑ
ΒΛΆΣΤΗΣΗ
ΔΑΣΟΣ
ΡΊΖΑ

49 - Kunst

Σ	Τ	Ε	Δ	Κ	Ε	Ρ	Α	Μ	Ι	Κ	Ή	Σ	Π
Έ	Ο	Η	Μ	Ι	Α	Ρ	Χ	Ι	Κ	Ή	Κ	Ύ	Ο
Ρ	Κ	Υ	Ι	Β	Ά	Α	Π	Λ	Ό	Σ	Ι	Μ	Ί
Δ	Δ	Φ	Ρ	Γ	Ξ	Θ	Σ	Ξ	Δ	Σ	Φ	Β	Η
Π	Η	Ψ	Ρ	Ε	Λ	Ί	Ε	Υ	Ν	Ύ	Α	Ο	Σ
Ρ	Μ	Σ	Ξ	Α	Α	Ί	Ή	Σ	Σ	Ν	Ρ	Λ	Η
Ο	Ι	Τ	Β	Μ	Σ	Λ	Κ	Ξ	Η	Θ	Γ	Ο	Σ
Σ	Ο	Η	Ί	Έ	Τ	Η	Ι	Δ	Ε	Ε	Ω	Π	Ι
Ω	Υ	Έ	Χ	Θ	Δ	Τ	Τ	Σ	Δ	Σ	Ζ	Μ	Λ
Π	Ρ	Ε	Γ	Ρ	Π	Ε	Π	Λ	Μ	Η	Ί	Ί	Γ
Ι	Γ	Ν	Ρ	Γ	Υ	Θ	Υ	Ξ	Έ	Ό	Δ	Ί	Δ
Κ	Ώ	Μ	Χ	Π	Λ	Ν	Λ	Ρ	Έ	Υ	Σ	Γ	Ν
Ό	Υ	Ο	Σ	Α	Έ	Ύ	Γ	Ο	Π	Τ	Ι	Κ	Ή
Ε	Μ	Π	Ν	Ε	Υ	Σ	Μ	Έ	Ν	Η	Χ	Ν	Β

ΈΚΦΡΑΣΗ
ΑΠΛΌΣ
ΘΈΜΑ
ΖΩΓΡΑΦΙΚΉ
ΕΜΠΝΕΥΣΜΈΝΗ
ΚΕΡΑΜΙΚΉ
ΣΎΝΘΕΤΗ
ΑΡΧΙΚΉ
ΠΡΟΣΩΠΙΚΌ
ΠΟΊΗΣΗ
ΔΗΜΙΟΥΡΓΏ
ΓΛΥΠΤΙΚΉ
ΔΙΆΘΕΣΗ
ΣΟΥΡΕΑΛΙΣΜΌΣ
ΣΎΜΒΟΛΟ
ΟΠΤΙΚΉ
ΣΎΝΘΕΣΗ

50 - Gewürze

Ν	Ρ	Ί	Δ	Π	Κ	Ρ	Ο	Κ	Ο	Σ	Υ	Ν	Α
Π	Ό	Ρ	Α	Ά	Έ	Ω	Δ	Θ	Ο	Α	Ψ	Ε	Ν
Λ	Κ	Υ	Γ	Π	Η	Τ	Ρ	Ω	Α	Υ	Ι	Ρ	Δ
Α	Υ	Υ	Ί	Ρ	Σ	Έ	Ό	Υ	Δ	Ρ	Ί	Σ	Ω
Α	Λ	Λ	Ψ	Ι	Ύ	Ψ	Κ	Ω	Ε	Γ	Ά	Ω	Λ
Κ	Γ	Ά	Ί	Κ	Ε	Β	Σ	Υ	Ω	Ν	Σ	Μ	Ι
Π	Ά	Ω	Τ	Α	Γ	Α	Ρ	Ύ	Φ	Α	Λ	Λ	Ο
Ι	Η	Ρ	Ξ	Ι	Τ	Ζ	Ί	Ν	Τ	Ζ	Ε	Ρ	Μ
Π	Ο	Δ	Υ	Ρ	Ά	Κ	Ο	Χ	Σ	Ο	Μ	Ε	Α
Έ	Κ	Α	Ν	Έ	Λ	Α	Ξ	Ι	Ν	Ή	Ψ	Ν	Δ
Ρ	Ι	Π	Ω	Γ	Λ	Υ	Κ	Ά	Ν	Ι	Σ	Ο	Ρ
Ι	Β	Α	Ν	Ί	Λ	Ι	Α	Υ	Χ	Ν	Β	Η	Ά
Ρ	Σ	Έ	Γ	Λ	Υ	Κ	Ό	Ρ	Ι	Ζ	Α	Ο	Κ
Π	Ι	Κ	Ρ	Ή	Κ	Ρ	Ε	Μ	Μ	Ύ	Δ	Ι	Ω

ΓΛΥΚΆΝΙΣΟ
ΠΙΚΡΉ
ΚΆΡΥ
ΜΆΡΑΘΟ
ΓΕΎΣΗ
ΤΖΊΝΤΖΕΡ
ΚΆΡΔΑΜΟ
ΣΚΌΡΔΟ
ΓΛΥΚΌΡΙΖΑ
ΜΟΣΧΟΚΆΡΥΔΟ
ΓΑΡΎΦΑΛΛΟ
ΠΆΠΡΙΚΑ
ΠΙΠΈΡΙ
ΚΡΟΚΟΣ
ΑΛΆΤΙ
ΞΙΝΉ
ΓΛΥΚΌ
ΒΑΝΊΛΙΑ
ΚΑΝΈΛΑ
ΚΡΕΜΜΎΔΙ

51 - Kreativität

Α	Η	Π	Δ	Ρ	Σ	Ί	Ρ	Σ	Ο	Ξ	Μ	Α	Α
Τ	Ή	Κ	Ι	Τ	Ε	Ρ	Υ	Ε	Φ	Ε	Ι	Ο	Υ
Α	Π	Ί	Α	Η	Β	Υ	Ν	Ι	Π	Δ	Τ	Π	Θ
Μ	Ι	Έ	Ί	Ο	Ε	Ψ	Σ	Σ	Η	Μ	Λ	Ι	Ό
Ή	Σ	Ρ	Σ	Λ	Ε	Δ	Δ	Τ	Υ	Ε	Β	Έ	Ρ
Θ	Σ	Γ	Θ	Τ	Γ	Υ	Σ	Χ	Ό	Ί	Μ	Μ	Μ
Σ	Υ	Ο	Η	Σ	Η	Θ	Σ	Ί	Α	Τ	Π	Έ	Η
Ι	Α	Ί	Σ	Α	Τ	Ν	Α	Φ	Α	Μ	Η	Ρ	Τ
Α	Ν	Φ	Η	Σ	Υ	Ε	Ν	Π	Μ	Έ	Ε	Τ	Η
Ν	Ό	Ν	Ή	Ν	Ί	Ω	Έ	Ν	Τ	Α	Σ	Η	Α
Υ	Κ	Η	Δ	Ν	Ε	Ν	Τ	Ύ	Π	Ω	Σ	Η	Έ
Σ	Ι	Ν	Ι	Έ	Ε	Ψ	Β	Ν	Ε	Έ	Γ	Π	Δ
Η	Ε	Έ	Ο	Ή	Κ	Ι	Τ	Α	Μ	Α	Ρ	Δ	Ι
Έ	Κ	Φ	Ρ	Α	Σ	Η	Α	Τ	Α	Μ	Ά	Ρ	Ο

ΈΚΦΡΑΣΗ
ΕΙΚΌΝΑ
ΔΡΑΜΑΤΙΚΉ
ΕΝΤΎΠΩΣΗ
ΕΦΕΥΡΕΤΙΚΉ
ΡΕΥΣΤΌΤΗΤΑ
ΣΥΝΑΙΣΘΉΜΑΤΑ
ΙΔΈΑ
ΈΜΠΝΕΥΣΗ
ΈΝΤΑΣΗ
ΔΙΑΊΣΘΗΣΗ
ΣΑΦΉΝΕΙΑ
ΦΑΝΤΑΣΊΑ
ΑΊΣΘΗΣΗ
ΑΥΘΌΡΜΗΤΗ
ΟΡΆΜΑΤΑ

52 - Geschäft

Δ	Ψ	Ο	Σ	Μ	Ν	Ε	Γ	Δ	Ε	Ψ	Β	Η	Δ
Ρ	Ψ	Η	Β	Β	Ά	Ό	Ι	Ο	Ρ	Ό	Φ	Υ	Ε
Ο	Έ	Ί	Ξ	Χ	Β	Ν	Μ	Σ	Ο	Δ	Ρ	Έ	Κ
Π	Β	Ψ	Ι	Λ	Ξ	Α	Α	Ι	Ό	Α	Α	Γ	Λ
Ε	Ρ	Γ	Ο	Δ	Ό	Τ	Η	Τ	Σ	Δ	Ξ	Έ	Ο
Α	Φ	Ε	Ν	Τ	Ι	Κ	Ό	Τ	Ζ	Μ	Η	Μ	Ή
Κ	Α	Ρ	Ι	Έ	Ρ	Α	Π	Ρ	Ο	Ε	Α	Μ	Γ
Ο	Σ	Ώ	Τ	Ο	Δ	Ο	Τ	Α	Μ	Η	Ρ	Χ	Α
Ε	Μ	Π	Ο	Ρ	Ε	Ύ	Μ	Α	Τ	Α	Μ	Κ	Λ
Χ	Γ	Ι	Ω	Ε	Π	Έ	Ν	Δ	Υ	Σ	Η	Ό	Λ
Κ	Α	Τ	Ά	Σ	Τ	Η	Μ	Α	Σ	Β	Μ	Σ	Α
Γ	Ρ	Α	Φ	Ε	Ί	Ο	Χ	Ρ	Ή	Μ	Α	Τ	Ν
Έ	Κ	Π	Τ	Ω	Σ	Η	Σ	Η	Λ	Ώ	Π	Ο	Υ
Έ	Ε	Ρ	Γ	Ο	Σ	Τ	Ά	Σ	Ι	Ο	Η	Σ	Σ

ΕΡΓΟΔΌΤΗ
ΓΡΑΦΕΊΟ
ΑΦΕΝΤΙΚΌ
ΕΙΣΌΔΗΜΑ
ΕΡΓΟΣΤΆΣΙΟ
ΧΡΗΜΑΤΟΔΟΤΏ
ΧΡΉΜΑ
ΚΑΤΆΣΤΗΜΑ
ΚΈΡΔΟΣ
ΕΠΈΝΔΥΣΗ
ΚΑΡΙΈΡΑ
ΚΌΣΤΟΣ
ΜΆΝΑΤΖΕΡ
ΈΚΠΤΩΣΗ
ΦΌΡΟΙ
ΣΥΝΑΛΛΑΓΉ
ΠΏΛΗΣΗ
ΕΜΠΟΡΕΎΜΑΤΑ
ΝΌΜΙΣΜΑ

53 - Ingenieurwesen

Υ	Ω	Γ	Μ	Τ	Ώ	Ί	Ί	Ω	Υ	Υ	Δ	Ο	Κ
Χ	Π	Β	Ξ	Σ	Λ	Θ	Χ	Μ	Γ	Ω	Ι	Έ	Α
Η	Π	Ο	Γ	Α	Α	Ί	Η	Τ	Ρ	Ί	Α	Ψ	Τ
Δ	Ω	Γ	Λ	Ν	Ι	Ε	Ω	Σ	Ό	Ε	Ν	Α	Α
Δ	Ο	Α	Ι	Ο	Ε	Ρ	Α	Γ	Η	Λ	Ο	Β	Σ
Ι	Γ	Μ	Β	Ξ	Γ	Α	Ί	Ν	Ω	Γ	Μ	Η	Κ
Ά	Τ	Μ	Ή	Ά	Ρ	Ι	Η	Λ	Χ	Γ	Ή	Τ	Ε
Μ	Α	Α	Ν	Α	Έ	Ζ	Σ	Ο	Θ	Ά	Β	Π	Υ
Ε	Β	Ρ	Α	Τ	Ν	Ά	Η	Μ	Α	Ν	Ύ	Δ	Ή
Τ	Ρ	Γ	Χ	Ρ	Ε	Ν	Ρ	Δ	Ό	Υ	Ρ	Ν	Λ
Ρ	Χ	Ά	Η	Ι	Ψ	Α	Τ	Υ	Ο	Σ	Η	Τ	Σ
Ο	Δ	Ι	Μ	Β	Η	Ρ	Έ	Ν	Τ	Ί	Ζ	Ε	Λ
Σ	Γ	Δ	Π	Ή	Γ	Γ	Μ	Μ	Ο	Τ	Έ	Ρ	Έ
Σ	Τ	Α	Θ	Ε	Ρ	Ό	Τ	Η	Τ	Α	Ν	Υ	Υ

ΆΞΟΝΑΣ
ΏΘΗΣΗ
ΥΠΟΛΟΓΙΣΜΌΣ
ΔΙΆΓΡΑΜΜΑ
ΝΤΊΖΕΛ
ΔΙΆΜΕΤΡΟΣ
ΕΝΈΡΓΕΙΑ
ΥΓΡΌ
ΓΡΑΝΆΖΙΑ
ΚΑΤΑΣΚΕΥΉ
ΜΗΧΑΝΉ
ΜΈΤΡΗΣΗ
ΜΟΤΈΡ
ΤΡΙΒΉ
ΣΤΑΘΕΡΌΤΗΤΑ
ΔΎΝΑΜΗ
ΔΟΜΉ
ΒΆΘΟΣ
ΔΙΑΝΟΜΉ
ΓΩΝΊΑ

54 - Kaffee

Ζ	Τ	Π	Ο	Ι	Κ	Ι	Λ	Ί	Α	Λ	Ά	Γ	Ρ
Ά	Ί	Γ	Χ	Υ	Α	Χ	Μ	Έ	Ο	Ρ	Ο	Υ	Χ
Χ	Ρ	Π	Γ	Έ	Έ	Έ	Ί	Ψ	Η	Σ	Ύ	Ε	Γ
Α	Η	Μ	Α	Ύ	Ρ	Ο	Ε	Δ	Σ	Λ	Η	Έ	Β
Ρ	Ν	Ν	Δ	Β	Ω	Ί	Λ	Ν	Υ	Ν	Έ	Α	Υ
Η	´	Κ	Ρ	Έ	Μ	Α	Π	Κ	Ε	Ψ	Δ	Τ	Υ
Τ	¨	Ά	Ρ	Ω	Μ	Α	Ό	Ύ	Λ	Ρ	Α	Λ	Μ
Μ	Ι	Ψ	Τ	Μ	Τ	Ψ	Τ	Π	Έ	Υ	Ό	Ρ	Γ
Ι	Ε	Μ	Ό	Ξ	Ι	Ν	Ο	Ε	Ο	Σ	Ω	Ν	Ψ
Ε	Φ	Ι	Ή	Ρ	Κ	Ι	Π	Λ	Ρ	Α	Θ	Λ	Υ
Δ	Α	Υ	Ρ	Ί	Λ	Ξ	Τ	Λ	Π	Τ	Έ	Ι	Χ
Ν	Κ	Α	Γ	Ω	Υ	Γ	Ω	Ο	Ρ	Τ	Λ	Ί	Φ
Ν	Σ	Β	Ξ	Ρ	Α	Π	Α	Έ	Έ	Τ	Α	Ο	Π
Σ	Ί	Χ	Δ	Π	Ό	Λ	Γ	Ξ	Μ	Ω	Α	Έ	Ν

ΆΡΩΜΑ
ΠΙΚΡΉ
ΚΡΈΜΑ
ΦΊΛΤΡΟ
ΥΓΡΌ
ΓΕΎΣΗ
ΠΟΤΌ
ΚΑΦΕΪΝΗ
ΑΛΈΘΩ
ΓΆΛΑ
ΠΡΩΪ
ΤΙΜΉ
ΌΞΙΝΟ
ΜΑΎΡΟ
ΚΎΠΕΛΛΟ
ΠΡΟΈΛΕΥΣΗ
ΠΟΙΚΙΛΊΑ
ΝΕΡΌ
ΖΆΧΑΡΗ

55 - Gemüse

Σ	Ν	Τ	Ο	Μ	Ά	Τ	Α	Π	Ρ	Π	Δ	Α	Χ
Μ	Π	Σ	Ό	Ν	Α	Τ	Ν	Ϊ	Α	Μ	Έ	Ν	Έ
Α	Γ	Α	Τ	Ά	Λ	Α	Σ	Π	Ε	Τ	Δ	Ά	Σ
Ν	Ο	Ρ	Ν	Η	Δ	Ρ	Ί	Π	Δ	Ο	Ά	Ζ	Μ
Ι	Γ	Ά	Μ	Ά	Σ	Κ	Ό	Ρ	Δ	Ο	Η	Τ	Ι
Τ	Γ	Ν	Π	Γ	Κ	Α	Γ	Γ	Ο	Ύ	Ρ	Ι	Α
Ά	Ύ	Ι	Ρ	Κ	Ε	Ι	Ψ	Α	Α	Η	Ε	Λ	Μ
Ρ	Λ	Κ	Ό	Ο	Τ	Ό	Ρ	Α	Κ	Ω	Λ	Ε	Π
Ι	Ι	Γ	Κ	Λ	Μ	Α	Ί	Σ	Σ	Δ	Ι	Μ	Ι
Α	Γ	Α	Ο	Ο	Π	Ν	Δ	Ε	Έ	Ι	Ά	Π	Ζ
Σ	Β	Χ	Λ	Κ	Β	Ε	Τ	Ρ	Λ	Β	Ι	Έ	Έ
Ρ	Ψ	Τ	Ο	Ύ	Υ	Ψ	Β	Χ	Ι	Ξ	Ε	Β	Λ
Λ	Δ	Ν	Ι	Θ	Ρ	Ε	Ζ	Τ	Ν	Ί	Ζ	Τ	Ι
Ω	Τ	Λ	Β	Α	Μ	Ξ	Δ	Ρ	Ο	Δ	Έ	Α	Ξ

ΑΓΚΙΝΆΡΑ
ΜΕΛΙΤΖΆΝΑ
ΜΠΡΌΚΟΛΟ
ΜΠΙΖΈΛΙ
ΑΓΓΟΎΡΙ
ΤΖΊΝΤΖΕΡ
ΚΑΡΌΤΟ
ΠΑΤΆΤΑ
ΣΚΌΡΔΟ
ΚΟΛΟΚΎΘΑ
ΕΛΙΆ
ΜΑΪΝΤΑΝΌΣ
ΜΑΝΙΤΆΡΙ
ΓΟΓΓΎΛΙ
ΣΑΛΆΤΑ
ΣΈΛΙΝΟ
ΣΠΑΝΆΚΙ
ΝΤΟΜΆΤΑ

56 - Schönheit

Γ	Η	Δ	Σ	Π	Η	Ρ	Λ	Τ	Χ	Φ	Υ	Ο	Κ
Ε	Ι	Έ	Ο	Π	Ρ	Ψ	Τ	Ο	Ρ	Ω	Γ	Μ	Α
Σ	Δ	Ρ	Ε	Β	Κ	Ο	Σ	Ν	Ώ	Τ	Ο	Α	Λ
Α	Ί	Μ	Ι	Ρ	Η	Ο	Ϊ	Χ	Μ	Ο	Η	Λ	Λ
Τ	Λ	Α	Υ	Π	Μ	Α	Μ	Ό	Α	Γ	Τ	Ή	Υ
Σ	Α	Μ	Π	Ο	Υ	Ά	Ν	Ψ	Ν	Ε	Ε	Β	Ν
Ί	Ψ	Κ	Ρ	Α	Γ	Ι	Ό	Ν	Ό	Ν	Ί	Ξ	Τ
Λ	Ρ	Ω	Ρ	Υ	Η	Ω	Ν	Έ	Σ	Η	Α	Γ	Ι
Υ	Ε	Ε	Ά	Έ	Λ	Α	Ρ	Α	Κ	Σ	Ά	Μ	Κ
Τ	Ω	Χ	Ξ	Ρ	Μ	Π	Ο	Ύ	Κ	Λ	Ε	Σ	Ά
Σ	Π	Π	Ω	Ν	Ω	Υ	Π	Η	Ρ	Ε	Σ	Ί	Α
Α	Τ	Η	Τ	Ό	Ψ	Μ	Ο	Κ	Έ	Λ	Α	Ι	Α
Σ	Η	Τ	Φ	Ε	Ρ	Θ	Α	Κ	Σ	Η	Ω	Σ	Ί
Έ	Υ	Ν	Υ	Χ	Ά	Ρ	Η	Λ	Ω	Ι	Η	Ί	Ε

ΧΆΡΗ
ΓΟΗΤΕΊΑ
ΥΠΗΡΕΣΊΑ
ΆΡΩΜΑ
ΚΟΜΨΌ
ΚΟΜΨΌΤΗΤΑ
ΧΡΏΜΑ
ΦΩΤΟΓΕΝΗΣ
ΟΜΑΛΉ
ΔΈΡΜΑ
ΚΑΛΛΥΝΤΙΚΆ
ΚΡΑΓΙΌΝ
ΜΠΟΎΚΛΕΣ
ΈΛΑΙΑ
ΠΡΟΪΌΝ
ΨΑΛΊΔΙ
ΣΑΜΠΟΥΆΝ
ΚΑΘΡΕΦΤΗΣ
ΣΤΥΛΊΣΤΑΣ
ΜΆΣΚΑΡΑ

57 - Tanzen

Κ	Λ	Α	Σ	Ι	Κ	Ή	Κ	Ι	Σ	Υ	Ο	Μ	Π
Σ	Υ	Γ	Κ	Ί	Ν	Η	Σ	Η	Ν	Χ	Έ	Τ	Ο
Ρ	Ψ	Α	Ί	Φ	Α	Ρ	Γ	Ο	Ρ	Ο	Χ	Ψ	Λ
Υ	Ξ	Μ	Β	Ε	Γ	Ά	Ο	Π	Τ	Ι	Κ	Ή	Ι
Θ	Χ	Ώ	Έ	Ό	Κ	Χ	Υ	Σ	Α	Λ	Ι	Ν	Τ
Μ	Τ	Σ	Ι	Ρ	Ρ	Φ	Ε	Έ	Β	Ε	Σ	Α	Ι
Ο	Ω	Έ	Π	Έ	Ρ	Π	Ρ	Α	Σ	Α	Έ	Ί	Σ
Ύ	Ψ	Τ	Χ	Ν	Σ	Γ	Έ	Α	Δ	Χ	Α	Μ	Τ
Β	Ι	Β	Μ	Ε	Υ	Η	Χ	Ξ	Σ	Ί	Χ	Η	Ι
Π	Ο	Λ	Ι	Τ	Ι	Σ	Μ	Ό	Σ	Τ	Ρ	Δ	Κ
Τ	Λ	Α	Ξ	Ρ	Υ	Ά	Λ	Ξ	Ο	Ω	Ι	Α	Ή
Μ	Ί	Υ	Μ	Α	Ε	Τ	Δ	Δ	Ω	Γ	Ψ	Κ	Έ
Β	Σ	Χ	Ν	Π	Η	Σ	Η	Ν	Ί	Κ	Η	Α	Ή
Ι	Ξ	Έ	Τ	Τ	Χ	Α	Ρ	Ο	Ύ	Μ	Ε	Ν	Ο

ΑΚΑΔΗΜΊΑ
ΧΆΡΗ
ΕΚΦΡΑΣΤΙΚΉ
ΚΊΝΗΣΗ
ΧΟΡΟΓΡΑΦΊΑ
ΣΥΓΚΊΝΗΣΗ
ΧΑΡΟΎΜΕΝΟ
ΣΤΆΣΗ
ΚΛΑΣΙΚΉ
ΣΏΜΑ
ΠΟΛΙΤΙΣΜΌΣ
ΠΟΛΙΤΙΣΤΙΚΉ
ΤΈΧΝΗ
ΜΟΥΣΙΚΉ
ΠΑΡΤΕΝΈΡ
ΠΡΌΒΑ
ΡΥΘΜΟΎ
ΟΠΤΙΚΉ

58 - Ernährung

Ι	Π	Υ	Ή	Κ	Ι	Τ	Π	Ε	Ρ	Θ	Γ	Δ	Μ
Ξ	Σ	Ρ	Α	Ψ	Ν	Ν	Ο	Π	Σ	Λ	Ε	Η	Π
Έ	Γ	Ο	Ω	Ί	Σ	Π	Ί	Ξ	Α	Β	Ύ	Μ	Ι
Ή	Φ	Ο	Ρ	Τ	Α	Ι	Δ	Ι	Ί	Ν	Σ	Η	Κ
Χ	Τ	Β	Χ	Ρ	Ε	Γ	Ι	Χ	Ε	Ν	Η	Τ	Ρ
Α	Ι	Γ	Ν	Δ	Ο	Ϊ	Χ	Η	Γ	Σ	Η	Ρ	Ή
Σ	Ά	Λ	Τ	Σ	Α	Π	Ν	Ί	Υ	Ω	Ψ	Ι	Β
Ζ	Υ	Γ	Ί	Ζ	Ω	Ζ	Η	Ε	Β	Δ	Έ	Α	Ρ
Τ	Ρ	Ε	Χ	Λ	Δ	Ύ	Ξ	Μ	Σ	Ν	Π	Κ	Ώ
Μ	Έ	Δ	Β	Ρ	Ο	Μ	Ε	Ε	Έ	Ι	Ι	Ά	Σ
Ή	Ι	Γ	Υ	Ι	Η	Ω	Ρ	Χ	Η	Ν	Χ	Γ	Ι
Μ	Έ	Ρ	Ι	Α	Ξ	Σ	Ό	Ψ	Λ	Σ	Η	Τ	Μ
Α	Β	Γ	Ν	Α	Τ	Η	Τ	Ό	Ι	Ο	Π	Α	Α
Θ	Ε	Ρ	Μ	Ι	Δ	Ε	Σ	Β	Η	Ξ	Δ	Ι	Ε

ΌΡΕΞΗ
ΙΣΟΡΡΟΠΗΜΈΝΗ
ΠΙΚΡΉ
ΔΙΑΤΡΟΦΉ
ΒΡΏΣΙΜΑ
ΖΎΜΩΣΗ
ΓΕΎΣΗ
ΥΓΙΉ
ΥΓΕΊΑ
ΔΗΜΗΤΡΙΑΚΆ
ΖΥΓΊΖΩ
ΘΕΡΜΙΔΕΣ
ΘΡΕΠΤΙΚΉ
ΤΜΉΜΑ
ΠΡΩΤΕΪΝΕΣ
ΠΟΙΌΤΗΤΑ
ΣΆΛΤΣΑ
ΤΟΞΊΝΗ
ΠΈΨΗ

59 - Länder #1

Λ	Ψ	Τ	Ο	Α	Ί	Γ	Υ	Π	Τ	Ο	Σ	Π	Β
Β	Β	Σ	Φ	Ι	Ν	Λ	Α	Ν	Δ	Ί	Α	Β	Ψ
Ο	Ν	Ι	Κ	Α	Ρ	Ά	Γ	Ο	Υ	Α	Ν	Μ	Ψ
Ν	Β	Ε	Ν	Ε	Ζ	Ο	Υ	Έ	Λ	Α	Ω	Α	Γ
Σ	Ο	Γ	Ε	Ρ	Μ	Α	Ν	Ί	Α	Ί	Δ	Ν	Ι
Ε	Β	Ρ	Β	Ι	Ε	Τ	Ν	Ά	Μ	Ν	Σ	Π	Ί
Ν	Ρ	Μ	Β	Υ	Ψ	Χ	Ψ	Ι	Ί	Α	Ρ	Γ	Μ
Ε	Α	Λ	Ι	Η	Γ	Η	Ζ	Τ	Ό	Π	Μ	Α	Κ
Γ	Ζ	Ι	Χ	Ξ	Γ	Ι	Α	Η	Ι	Σ	Μ	Ί	Ά
Ά	Ι	Ο	Σ	Η	Α	Ί	Λ	Α	Τ	Ι	Ά	Ν	Ρ
Λ	Λ	Ν	Σ	Ρ	Ά	Δ	Α	Ν	Α	Κ	Λ	Ω	Ι
Η	Ί	Α	Ί	Ν	Α	Μ	Υ	Ο	Ρ	Ω	Ι	Λ	Ι
Π	Α	Η	Χ	Ρ	Ω	Ή	Ξ	Ψ	Ν	Μ	Β	Ο	Ξ
Γ	Α	Ί	Ν	Ο	Τ	Ε	Λ	Ω	Χ	Ι	Έ	Π	Γ

ΑΊΓΥΠΤΟΣ
ΒΡΑΖΙΛΊΑ
ΓΕΡΜΑΝΊΑ
ΦΙΝΛΑΝΔΊΑ
ΙΝΔΊΑ
ΙΡΆΚ
ΙΣΡΑΉΛ
ΙΤΑΛΊΑ
ΚΑΜΠΌΤΖΗ
ΚΑΝΑΔΆ
ΛΕΤΟΝΊΑ
ΜΆΛΙ
ΝΙΚΑΡΆΓΟΥΑ
ΝΟΡΒΗΓΊΑ
ΠΟΛΩΝΊΑ
ΡΟΥΜΑΝΊΑ
ΣΕΝΕΓΆΛΗ
ΙΣΠΑΝΊΑ
ΒΕΝΕΖΟΥΈΛΑ
ΒΙΕΤΝΆΜ

60 - Wasser

Π	Δ	Ο	Ρ	Τ	Β	Μ	Χ	Ξ	Π	Ε	Μ	Λ	Π
Λ	Τ	Δ	Η	Ι	Ρ	Ο	Ι	Λ	Λ	Α	Ε	Ε	Α
Η	Ν	Μ	Ί	Λ	Ο	Υ	Ο	Μ	Ι	Σ	Ό	Π	Γ
Μ	Σ	Μ	Ε	Β	Χ	Σ	Υ	Κ	Χ	Ψ	Υ	Τ	Ω
Μ	Υ	Υ	Π	Ω	Ή	Ώ	Ρ	Ψ	Α	Ν	Α	Η	Ν
Ύ	Ο	Έ	Ε	Λ	Ω	Ν	Ι	Ω	Ν	Ν	Χ	Π	Ι
Ρ	Τ	Π	Ξ	Δ	Π	Α	Κ	Β	Υ	Ι	Ά	Ω	Ά
Α	Ν	Ν	Ο	Ί	Ρ	Σ	Α	Υ	Γ	Ρ	Ό	Λ	Ξ
Μ	Ύ	Ο	Μ	Τ	Α	Ά	Ν	Μ	Τ	Ψ	Σ	Ι	Ι
Τ	Σ	Μ	Έ	Η	Α	Δ	Α	Ί	Σ	Α	Ρ	Γ	Υ
Β	Π	Ά	Γ	Ο	Σ	Μ	Σ	Ό	Ν	Α	Ε	Κ	Ω
Χ	Ι	Ό	Ν	Ι	Π	Ψ	Ό	Κ	Ύ	Μ	Α	Τ	Α
Ε	Ξ	Ά	Τ	Μ	Ι	Σ	Η	Σ	Ξ	Ψ	Ξ	Τ	Μ
Ι	Λ	Γ	Ν	Σ	Ο	Ω	Ξ	Υ	Π	Υ	Μ	Γ	Γ

ΆΡΔΕΥΣΗ
ΑΤΜΟΎ
ΝΤΟΥΣ
ΠΆΓΟΣ
ΥΓΡΌ
ΥΓΡΑΣΊΑ
ΠΟΤΑΜΌΣ
ΠΛΗΜΜΎΡΑ
ΠΑΓΩΝΙΆ
ΧΙΟΥΡΙΚΑΝΑΣ
ΚΑΝΆΛΙ
ΜΟΥΣΏΝΑΣ
ΩΚΕΑΝΌΣ
ΒΡΟΧΉ
ΧΙΌΝΙ
ΛΊΜΝΗ
ΠΌΣΙΜΟ
ΕΞΆΤΜΙΣΗ
ΚΎΜΑΤΑ

61 - Science Fiction

Π	Ο	Υ	Τ	Ο	Π	Ί	Α	Σ	Μ	Ή	Σ	Δ	Τ
Λ	Ί	Υ	Ό	Κ	Ό	Σ	Μ	Ο	Α	Κ	Ε	Υ	Ε
Α	Ε	Σ	Κ	Τ	Μ	Λ	Π	Έ	Κ	Ι	Ν	Σ	Χ
Ν	Τ	Ά	Ι	Τ	Ω	Φ	Μ	Α	Ρ	Τ	Ά	Τ	Ν
Ή	Ν	Υ	Τ	Ό	Π	Μ	Ο	Ρ	Ι	Σ	Ρ	Ο	Ο
Τ	Α	Α	Σ	Σ	Π	Ω	Ω	Ο	Ν	Ι	Ι	Π	Λ
Η	Μ	Η	Ι	Ι	Α	Ψ	Δ	Έ	Ό	Λ	Ο	Ί	Ο
Σ	Ρ	Τ	Ρ	Γ	Α	Λ	Α	Ξ	Ί	Α	Σ	Α	Γ
Η	Η	Ω	Υ	Β	Ί	Ψ	Ή	Ι	Ί	Ε	Λ	Π	Ί
Ί	Μ	Δ	Ο	Δ	Ρ	Γ	Κ	Ψ	Λ	Ρ	Δ	Π	Α
Φ	Α	Ν	Τ	Α	Σ	Τ	Ι	Κ	Ό	Β	Γ	Ν	Ξ
Λ	Ψ	Σ	Υ	Χ	Ι	Ν	Μ	Δ	Η	Γ	Ι	Α	Ξ
Ρ	Δ	Α	Ο	Χ	Η	Ξ	Η	Ρ	Κ	Έ	Π	Β	Ι
Ο	Μ	Ρ	Φ	Η	Ψ	Χ	Χ	Ά	Κ	Ρ	Ο	Ο	Ξ

ΒΙΒΛΙΑ
ΧΗΜΙΚΉ
ΔΥΣΤΟΠΊΑ
ΈΚΡΗΞΗ
ΆΚΡΟ
ΜΑΚΡΙΝΌ
ΦΩΤΙΆ
ΦΟΥΤΟΥΡΙΣΤΙΚΌ
ΓΑΛΑΞΊΑΣ
ΦΑΝΤΑΣΤΙΚΌ
ΜΑΝΤΕΊΟ
ΠΛΑΝΉΤΗΣ
ΡΕΑΛΙΣΤΙΚΉ
ΡΟΜΠΌΤ
ΣΕΝΆΡΙΟ
ΤΕΧΝΟΛΟΓΊΑ
ΟΥΤΟΠΊΑ
ΚΌΣΜΟ

62 - Haustiere

Π	Α	Π	Α	Γ	Ά	Λ	Ο	Σ	Ο	Λ	Ύ	Κ	Σ
Γ	Ί	Δ	Α	Ρ	Ι	Κ	Ί	Τ	Ν	Ο	Π	Ο	Ι
Β	Γ	Λ	Ί	Δ	Ν	Υ	Ο	Λ	Ρ	Γ	Γ	Υ	Ο
Δ	Δ	Β	Χ	Δ	Ρ	Έ	Τ	Υ	Χ	Μ	Χ	Ν	Σ
Χ	Ά	Μ	Σ	Τ	Ε	Ρ	Ω	Ε	Τ	Τ	Ω	Έ	Ν
Α	Γ	Ε	Λ	Ά	Δ	Α	Β	Ί	Ο	Ά	Ο	Λ	Ε
Τ	Υ	Τ	Ψ	Ω	Ρ	Ι	Έ	Ψ	Γ	Ι	Β	Ι	Έ
Σ	Π	Ψ	Η	Τ	Χ	Χ	Χ	Ψ	Έ	Ο	Ό	Ι	Τ
Σ	Α	Ύ	Ρ	Α	Υ	Ύ	Κ	Ο	Λ	Ά	Ρ	Ο	Χ
Ψ	Λ	Τ	Τ	Ί	Ε	Ν	Η	Υ	Ν	Γ	Ε	Ψ	Ε
Έ	Ο	Δ	Ά	Ρ	Υ	Ο	Ε	Έ	Υ	Ν	Ν	Ι	Λ
Α	Υ	Ψ	Π	Γ	Ο	Ξ	Λ	Π	Μ	Έ	Α	Γ	Ώ
Ψ	Ρ	Τ	Ξ	Ρ	Λ	Φ	Γ	Α	Τ	Ά	Κ	Ι	Ν
Ψ	Ί	Ψ	Ά	Ρ	Ι	Ξ	Ή	Ω	Ω	Γ	Δ	Γ	Α

ΣΑΎΡΑ
ΤΡΟΦΉ
ΨΆΡΙ
ΧΆΜΣΤΕΡ
ΚΟΥΝΈΛΙ
ΣΚΎΛΟΣ
ΓΆΤΑ
ΓΑΤΆΚΙ
ΚΟΛΆΡΟ
ΝΎΧΙΑ

ΑΓΕΛΆΔΑ
ΛΟΥΡΊ
ΠΟΝΤΊΚΙ
ΠΑΠΑΓΆΛΟΣ
ΧΕΛΏΝΑ
ΟΥΡΆ
ΝΕΡΌ
ΚΟΥΤΆΒΙ
ΓΊΔΑ

63 - Literatur

Μ	Ω	Β	Ι	Ο	Γ	Ρ	Α	Φ	Ί	Α	Θ	Τ	Ρ
Α	Ε	Π	Ο	Ι	Η	Τ	Ι	Κ	Ή	Π	Έ	Ξ	Α
Ί	Λ	Τ	Α	Α	Ρ	Μ	Ψ	Α	Ψ	Ο	Μ	Δ	Φ
Ν	Λ	Σ	Α	Μ	Ν	Ψ	Π	Ρ	Μ	Ί	Α	Υ	Η
Ή	Γ	Ψ	Τ	Φ	Π	Ά	Μ	Έ	Π	Η	Α	Ω	Γ
Φ	Α	Ω	Υ	Ν	Ο	Χ	Λ	Ψ	Π	Μ	Ο	Φ	Η
Α	Ί	Δ	Ω	Γ	Α	Ρ	Τ	Υ	Δ	Α	Έ	Α	Τ
Ρ	Ν	Δ	Ε	Λ	Ί	Η	Ά	Υ	Σ	Ι	Η	Ν	Ή
Γ	Ε	Α	Ι	Μ	Ι	Γ	Μ	Ο	Π	Η	Β	Τ	Σ
Ι	Ί	Μ	Λ	Δ	Ι	Ά	Λ	Ο	Γ	Ο	Σ	Α	Ψ
Ρ	Δ	Μ	Υ	Ο	Τ	Ο	Δ	Κ	Έ	Ν	Α	Σ	Ε
Ε	Ο	Ι	Τ	Ί	Γ	Ρ	Υ	Θ	Μ	Ο	Ύ	Ί	Η
Π	Σ	Ψ	Σ	Ω	Υ	Ί	Τ	Ω	Η	Ν	Ω	Α	Α
Π	Τ	Ι	Ι	Α	Μ	Σ	Α	Ρ	Έ	Π	Μ	Υ	Σ

ΑΝΑΛΟΓΊΑ
ΑΝΆΛΥΣΗ
ΑΝΈΚΔΟΤΟ
ΠΕΡΙΓΡΑΦΉ
ΒΙΟΓΡΑΦΊΑ
ΔΙΆΛΟΓΟΣ
ΑΦΗΓΗΤΉΣ
ΦΑΝΤΑΣΊΑ
ΠΟΊΗΜΑ
ΕΊΔΟΣ
ΜΕΤΑΦΟΡΆ
ΠΟΙΗΤΙΚΉ
ΡΥΘΜΟΎ
ΣΥΜΠΈΡΑΣΜΑ
ΣΤΥΛ
ΘΈΜΑ
ΤΡΑΓΩΔΊΑ

64 - Wandern

Ί	Π	Σ	Ν	Ε	Β	Δ	Ο	Τ	Ί	Χ	Σ	Υ	Ο
Π	Η	Ξ	Τ	Ρ	Β	Η	Ι	Ί	Ψ	Ε	Ό	Ο	Δ
Ξ	Έ	Τ	Σ	Ε	Μ	Ω	Ε	Ξ	Ο	Ι	Ρ	Γ	Ά
Λ	Σ	Β	Ο	Λ	Υ	Σ	Δ	Έ	Ω	Ι	Ι	Ω	Ξ
Μ	Π	Ό	Τ	Ε	Σ	Β	Α	Ρ	Ι	Ά	Α	Ξ	Η
Λ	Σ	Ο	Ν	Έ	Μ	Σ	Α	Ρ	Υ	Ο	Κ	Κ	Υ
Κ	Ά	Μ	Π	Ι	Ν	Γ	Κ	Υ	Τ	Ω	Α	Ο	Ν
Δ	Ή	Υ	Ε	Κ	Σ	Α	Ρ	Α	Π	Έ	Ο	Ρ	Ε
Ή	Λ	Ι	Ο	Σ	Ζ	Ώ	Α	Χ	Ά	Υ	Π	Υ	Ρ
Ο	Δ	Η	Γ	Ο	Ί	Β	Ε	Ο	Ρ	Σ	Ν	Φ	Ό
Χ	Ά	Ρ	Τ	Η	Ρ	Τ	Ο	Ι	Κ	Υ	Ρ	Ή	Ν
Ά	Π	Υ	Ο	Σ	Γ	Χ	Ν	Υ	Α	Μ	Ί	Λ	Κ
Ρ	Α	Χ	Λ	Ύ	Ε	Μ	Δ	Ω	Ν	Ξ	Ξ	Η	Ί
Β	Β	Δ	Ν	Φ	Ξ	Η	Γ	Ψ	Ρ	Ό	Η	Χ	Ψ

ΒΟΥΝΌ
ΚΆΜΠΙΝΓΚ
ΟΔΗΓΟΊ
ΚΟΡΥΦΉ
ΧΆΡΤΗ
ΚΛΊΜΑ
ΒΡΆΧΟ
ΚΟΥΡΑΣΜΈΝΟΣ
ΦΎΣΗ
ΠΆΡΚΑ
ΒΑΡΙΆ
ΉΛΙΟΣ
ΠΈΤΡΑ
ΜΠΌΤΕΣ
ΖΏΑ
ΠΑΡΑΣΚΕΥΉ
ΝΕΡΌ
ΚΑΙΡΌΣ
ΆΓΡΙΟ

65 - Länder #2

Γ	Λ	Λ	Γ	Η	Γ	Ε	Λ	Ε	Έ	Ψ	Α	Ο	Ν
Α	Α	Α	Ί	Δ	Ν	Α	Λ	Ρ	Ι	Δ	Ί	Υ	Ν
Ί	Ϊ	Ί	Λ	Έ	Π	Υ	Ί	Λ	Π	Δ	Ν	Γ	Β
Ν	Τ	Ε	Ρ	Ο	Β	Γ	Σ	Ο	Ά	Λ	Ω	Κ	Γ
Α	Ή	Γ	Ν	Ε	Ξ	Ό	Α	Υ	Υ	Δ	Π	Ά	Σ
Ρ	Ί	Ω	Α	Ω	Β	Κ	Λ	Λ	Ξ	Ο	Α	Ν	Υ
Κ	Έ	Ν	Υ	Α	Λ	Ι	Γ	Σ	Λ	Τ	Ι	Τ	Ρ
Υ	Β	Π	Ψ	Ψ	Έ	Ξ	Λ	Ο	Μ	Ί	Τ	Α	Ί
Ο	Ε	Ρ	Ρ	Π	Μ	Ε	Υ	Υ	Η	Μ	Α	Ί	Α
Ν	Ε	Π	Ά	Λ	Ω	Μ	Ι	Δ	Ι	Ω	Υ	Ρ	Δ
Π	Α	Κ	Ι	Σ	Τ	Ά	Ν	Ά	Ξ	Ψ	Δ	Η	Ρ
Α	Ι	Θ	Ι	Ο	Π	Ί	Α	Ν	Γ	Λ	Γ	Γ	Δ
Ρ	Ω	Σ	Ί	Α	Κ	Ι	Ά	Μ	Α	Ζ	Τ	Ι	Λ
Α	Λ	Β	Α	Ν	Ί	Α	Ψ	Λ	Τ	Τ	Γ	Ν	Σ

ΑΛΒΑΝΊΑ
ΑΙΘΙΟΠΊΑ
ΓΑΛΛΊΑ
ΕΛΛΆΔΑ
ΑΪΤΉ
ΙΡΛΑΝΔΊΑ
ΤΖΑΜΆΙΚΑ
ΙΑΠΩΝΊΑ
ΚΈΝΥΑ
ΛΆΟΣ
ΛΙΒΕΡΊΑ
ΜΕΞΙΚΌ
ΝΕΠΆΛ
ΝΙΓΗΡΊΑ
ΠΑΚΙΣΤΆΝ
ΡΩΣΊΑ
ΣΟΥΔΆΝ
ΣΥΡΊΑ
ΟΥΓΚΆΝΤΑ
ΟΥΚΡΑΝΊΑ

66 - Fahrzeuge

Ω	Α	Σ	Θ	Ε	Ν	Ο	Φ	Ό	Ρ	Ο	Β	Ξ	Ξ
Σ	Κ	Ο	Ύ	Τ	Ε	Ρ	Λ	Ρ	Γ	Ι	Ξ	Σ	Π
Τ	Ι	Ν	Ί	Τ	Λ	Δ	Α	Τ	Έ	Κ	Υ	Ο	Ρ
Ρ	Ι	Ά	Π	Ε	Ρ	Ρ	Μ	Ε	Ι	Ι	Ξ	Ο	Π
Έ	Λ	Λ	Ο	Α	Μ	Ο	Γ	Μ	Ξ	Τ	Α	Τ	Β
Ν	Ε	Π	Δ	Χ	Π	Θ	Χ	Υ	Ι	Ν	Ί	Η	Ο
Ο	Ω	Ο	Ή	Ι	Σ	Ν	Ρ	Ό	Υ	Γ	Υ	Ν	Ι
Φ	Φ	Ρ	Λ	Τ	Α	Ξ	Ί	Ο	Σ	Ν	Ρ	Ί	Χ
Ο	Ο	Ε	Α	Σ	Ο	Η	Λ	Π	Π	Π	Ω	Κ	Ύ
Ρ	Ρ	Α	Τ	Ά	Χ	Μ	Β	Ω	Ο	Μ	Ι	Ο	Ρ
Τ	Ε	Κ	Ο	Λ	Ψ	Ε	Ί	Ί	Ν	Ο	Μ	Τ	Β
Η	Ί	Ρ	Λ	Ο	Η	Ψ	Δ	Δ	Μ	Τ	Έ	Υ	Ο
Γ	Ο	Ά	Π	Γ	Χ	Δ	Γ	Ί	Γ	Έ	Τ	Α	Π
Ό	Λ	Β	Ρ	Β	Ρ	Έ	Τ	Κ	Α	Ρ	Τ	Γ	Υ

ΑΥΤΟΚΊΝΗΤΟ
ΒΆΡΚΑ
ΛΕΩΦΟΡΕΊΟ
ΠΟΔΉΛΑΤΟ
ΠΟΡΘΜΕΊΟ
ΣΧΕΔΊΑ
ΑΕΡΟΠΛΆΝΟ
ΑΣΘΕΝΟΦΌΡΟ
ΦΟΡΤΗΓΌ
ΜΟΤΈΡ
ΡΟΥΚΈΤΑ
ΛΆΣΤΙΧΑ
ΣΚΟΎΤΕΡ
ΤΑΞΊ
ΤΡΑΚΤΈΡ
ΜΕΤΡΌ
ΥΠΟΒΡΎΧΙΟ
ΤΡΟΧΌΣΠΙΤΟ
ΤΡΈΝΟ

67 - Musikinstrumente

Β	Ι	Ο	Λ	Ί	Μ	Έ	Υ	Γ	Δ	Σ	Φ	Γ	Ό
Τ	Ρ	Ο	Μ	Π	Έ	Τ	Α	Ε	Ν	Ν	Λ	Ο	Μ
Σ	Φ	Η	Ν	Τ	Έ	Φ	Ι	Λ	Ο	Ν	Ά	Ι	Π
Ο	Α	Ρ	Ά	Θ	Ι	Κ	Ψ	Ι	Ν	Τ	Ο	Γ	Ο
Υ	Γ	Γ	Κ	Ο	Ν	Γ	Κ	Η	Ί	Β	Υ	Ρ	Ε
Τ	Κ	Χ	Γ	Έ	Τ	Β	Β	Π	Λ	Ν	Τ	Κ	Ο
Μ	Ό	Ν	Ρ	Σ	Ι	Μ	Ρ	Α	Ο	Ψ	Ο	Ρ	Δ
Ο	Τ	Έ	Ν	Ι	Ρ	Α	Λ	Κ	Τ	Α	Ζ	Ο	Ψ
Α	Ο	Ψ	Ξ	Τ	Ύ	Μ	Π	Α	Ν	Ο	Τ	Ύ	Τ
Λ	Α	Σ	Ο	Ν	Ω	Φ	Ό	Ξ	Α	Σ	Ν	Σ	Η
Μ	Δ	Υ	Α	Π	Μ	Ί	Ρ	Α	Μ	Ψ	Ά	Η	Ο
Τ	Ρ	Ο	Μ	Π	Ό	Ν	Ι	Υ	Β	Α	Π	Ρ	Ά
Β	Ι	Ο	Λ	Ο	Ν	Τ	Σ	Έ	Λ	Ο	Μ	Μ	Ι
Φ	Υ	Σ	Α	Ρ	Μ	Ό	Ν	Ι	Κ	Α	Ξ	Έ	Ρ

ΜΠΆΝΤΖΟ
ΒΙΟΛΟΝΤΣΈΛΟ
ΦΑΓΚΌΤΟ
ΦΛΆΟΥΤΟ
ΒΙΟΛΊ
ΚΙΘΆΡΑ
ΓΚΟΝΓΚ
ΆΡΠΑ
ΚΛΑΡΙΝΈΤΟ
ΠΙΆΝΟ
ΜΑΝΤΟΛΊΝΟ
ΜΑΡΊΜΠΑ
ΦΥΣΑΡΜΌΝΙΚΑ
ΌΜΠΟΕ
ΤΡΟΜΠΌΝΙ
ΣΑΞΌΦΩΝΟ
ΚΡΟΎΣΗ
ΝΤΈΦΙ
ΤΎΜΠΑΝΟ
ΤΡΟΜΠΈΤΑ

68 - Blumen

Λ	Ο	Ε	Α	Α	Ν	Ύ	Ο	Ρ	Α	Π	Α	Π	Ν
Π	Α	Σ	Χ	Α	Λ	Ι	Ά	Β	Έ	Β	Ξ	Έ	Υ
Π	Μ	Ο	Τ	Έ	Κ	Υ	Ο	Π	Μ	Β	Χ	Τ	Α
Τ	Ρ	Ι	Α	Ν	Τ	Ά	Φ	Υ	Λ	Λ	Ο	Α	Α
Ί	Γ	Π	Π	Α	Ι	Ω	Ν	Ί	Α	Υ	Μ	Λ	Λ
Π	Α	Ό	Ί	Τ	Σ	Ο	Ν	Ί	Ρ	Κ	Β	Ο	Ε
Ι	Ρ	Ρ	Λ	Δ	Ο	Ί	Μ	Ε	Σ	Α	Ι	Γ	Β
Κ	Δ	Τ	Υ	Ρ	Κ	Ξ	Ο	Α	Α	Ρ	Η	Γ	Ά
Ρ	Έ	Ο	Ο	Υ	Σ	Σ	Ί	Ρ	Ν	Ί	Λ	Ν	Ν
Α	Ν	Ι	Τ	Ι	Ί	Π	Γ	Α	Χ	Ό	Δ	Ξ	Τ
Λ	Ι	Λ	Ε	Ω	Β	Γ	Ξ	Π	Π	Ι	Λ	Δ	Α
Ί	Α	Η	Τ	Ρ	Ι	Φ	Ύ	Λ	Λ	Ι	Δ	Ι	Σ
Δ	Π	Α	Σ	Σ	Ι	Φ	Λ	Ό	Ρ	Α	Μ	Έ	Α
Α	Τ	Ί	Ρ	Α	Γ	Ρ	Α	Μ	Έ	Χ	Ψ	Β	Α

ΠΈΤΑΛΟ
ΓΑΡΔΈΝΙΑ
ΜΑΡΓΑΡΊΤΑ
ΙΒΊΣΚΟΣ
ΓΙΑΣΕΜΊ
ΤΡΙΦΎΛΛΙ
ΛΕΒΆΝΤΑ
ΠΑΣΧΑΛΙΆ
ΚΡΊΝΟΣ
ΠΙΚΡΑΛΊΔΑ
ΜΑΝΌΛΙΑ
ΠΑΠΑΡΟΎΝΑ
ΟΡΧΙΔΈΑ
ΠΑΣΣΙΦΛΌΡΑ
ΠΑΙΩΝΊΑ
ΤΡΙΑΝΤΆΦΥΛΛΟ
ΗΛΙΟΤΡΌΠΙΟ
ΜΠΟΥΚΈΤΟ
ΤΟΥΛΊΠΑ

69 - Natur

Ι	Χ	Ν	Φ	Ο	Χ	Β	Π	Ο	Τ	Α	Μ	Ό	Σ
Ε	Σ	Ο	Λ	Ύ	Ψ	Α	Ο	Ι	Ν	Ή	Λ	Α	Γ
Ρ	Υ	Μ	Έ	Ν	Λ	Ί	Ο	Υ	Σ	Ν	Η	Ώ	Μ
Ό	Μ	Υ	Υ	Τ	Γ	Λ	Έ	Ξ	Ν	Η	Ρ	Ζ	Έ
Ψ	Ί	Σ	Ψ	Ω	Ω	Ε	Ω	Λ	Ξ	Ά	Έ	Λ	Λ
Ξ	Η	Ω	Ω	Β	Ω	Ι	Ί	Μ	Τ	Γ	Β	Α	Ι
Ω	Σ	Ο	Σ	Α	Δ	Ρ	Χ	Π	Α	Η	Δ	Ί	Σ
Τ	Ω	Π	Μ	Ν	Ω	Η	Λ	Χ	Ί	Μ	Ο	Υ	Σ
Ε	Ρ	Ψ	Ξ	Σ	Α	Ν	Ώ	Τ	Ε	Γ	Α	Π	Ε
Ρ	Β	Ο	Ε	Σ	Δ	Ι	Ξ	Δ	Π	Λ	Β	Υ	Σ
Ή	Ά	Ι	Π	Ψ	Η	Κ	Ο	Μ	Ο	Ρ	Φ	Ι	Ά
Μ	Ι	Ρ	Ε	Ι	Η	Ή	Κ	Ι	Μ	Α	Ν	Υ	Δ
Ο	Δ	Γ	Μ	Τ	Κ	Α	Ρ	Κ	Τ	Ι	Κ	Ή	Υ
Υ	Ε	Ά	Η	Π	Μ	Ή	Κ	Ι	Τ	Ω	Ζ	Σ	Ρ

ΑΡΚΤΙΚΉ
ΒΟΥΝΆ
ΜΈΛΙΣΣΕΣ
ΔΥΝΑΜΙΚΉ
ΔΙΆΒΡΩΣΗ
ΠΟΤΑΜΌΣ
ΕΙΡΗΝΙΚΉ
ΠΑΓΕΤΏΝΑΣ
ΙΕΡΌ
ΓΑΛΉΝΙΟ
ΦΎΛΛΩΜΑ
ΖΩΤΙΚΉ
ΟΜΊΧΛΗ
ΟΜΟΡΦΙΆ
ΖΏΑ
ΤΡΟΠΙΚΉ
ΔΑΣΟΣ
ΆΓΡΙΟ
ΕΡΉΜΟΥ

70 - Urlaub #2

Α	Τ	Χ	Δ	Ρ	Υ	Ί	Γ	Μ	Β	Π	Ψ	Δ	Ρ
Σ	Ε	Α	Ν	Α	Δ	Σ	Λ	Ε	Α	Ρ	Ο	Ψ	Α
Σ	Χ	Ρ	Ξ	Ψ	Έ	Υ	Χ	Τ	Ν	Ο	Ν	Έ	Ξ
Α	Λ	Ά	Ο	Ί	Σ	Η	Ν	Α	Α	Ο	Έ	Η	Δ
Λ	Ί	Ν	Ρ	Δ	Ρ	Β	Ο	Φ	Ψ	Ρ	Ρ	Ο	Ι
Ά	Α	Υ	Ν	Τ	Ρ	Ω	Ω	Ο	Υ	Ι	Τ	Ι	Α
Θ	Ω	Ο	Ί	Η	Η	Ό	Ί	Ρ	Χ	Σ	Β	Ρ	Β
Ι	Χ	Β	Β	Π	Υ	Ω	Μ	Ά	Ή	Μ	Η	Ό	Α
Ν	Μ	Β	Ί	Ζ	Α	Έ	Ψ	Ι	Ω	Ό	Γ	Τ	Τ
Π	Α	Ρ	Α	Λ	Ί	Α	Ρ	Ι	Ο	Σ	Υ	Α	Ή
Ρ	Β	Β	Ψ	Ψ	Μ	Ί	Τ	Α	Ξ	Ί	Δ	Ι	Ρ
Α	Σ	Κ	Η	Ν	Ή	Λ	Ν	Μ	Ρ	Α	Γ	Τ	Ι
Κ	Ά	Μ	Π	Ι	Ν	Γ	Κ	Ν	Ψ	Ν	Ι	Σ	Ο
Ν	Γ	Τ	Γ	Ο	Ί	Ε	Χ	Ο	Δ	Ο	Ν	Ε	Ξ

ΞΈΝΟ
ΒΟΥΝΆ
ΚΆΜΠΙΝΓΚ
ΑΕΡΟΔΡΌΜΙΟ
ΑΝΑΨΥΧΉ
ΞΕΝΟΔΟΧΕΊΟ
ΝΗΣΊ
ΧΆΡΤΗ
ΘΆΛΑΣΣΑ
ΔΙΑΒΑΤΉΡΙΟ
ΤΑΞΊΔΙ
ΕΣΤΙΑΤΌΡΙΟ
ΠΑΡΑΛΊΑ
ΤΑΞΊ
ΜΕΤΑΦΟΡΆ
ΒΊΖΑ
ΣΚΗΝΉ
ΠΡΟΟΡΙΣΜΌΣ
ΤΡΈΝΟ

71 - Zirkus

Ε	Μ	Θ	Υ	Ι	Π	Τ	Η	Ή	Ν	Η	Κ	Σ	Τ
Ω	Ο	Ε	Ο	Δ	Η	Α	Ν	Ρ	Υ	Α	Λ	Ω	Ί
Ω	Υ	Α	Ι	Δ	Ο	Ώ	Ρ	Ρ	Ο	Ί	Ί	Ω	Γ
Υ	Σ	Τ	Ρ	Μ	Ε	Ζ	Δ	Έ	Ό	Ε	Δ	Μ	Ρ
Η	Ι	Ή	Ή	Έ	Α	Β	Σ	Λ	Λ	Γ	Ξ	Μ	Η
Η	Κ	Σ	Τ	Β	Ξ	Ϊ	Υ	Κ	Κ	Α	Γ	Μ	Λ
Ψ	Ή	Π	Ι	Ε	Λ	Α	Μ	Γ	Έ	Μ	Σ	Ρ	Ι
Μ	Ο	Ξ	Σ	Η	Τ	Ά	Β	Ο	Ρ	Κ	Α	Η	Ο
Ω	Ά	Σ	Ι	Μ	Α	Λ	Ξ	Ζ	Ύ	Δ	Χ	Π	Ν
Ε	Ρ	Γ	Ε	Μ	Π	Α	Λ	Ό	Ν	Ι	Α	Υ	Τ
Ι	Μ	Ύ	Ο	Τ	Σ	Ο	Κ	Κ	Ό	Λ	Π	Ο	Ά
Σ	Ε	Ν	Χ	Σ	Α	Δ	Χ	Δ	Έ	Α	Α	Ε	Ρ
Δ	Ι	Α	Σ	Κ	Ε	Δ	Ά	Σ	Ε	Ι	Χ	Η	Ι
Η	Σ	Ρ	Ε	Λ	Έ	Φ	Α	Ν	Τ	Α	Σ	Χ	Ί

ΜΑΪΜΟΎ
ΑΚΡΟΒΆΤΗΣ
ΜΠΑΛΌΝΙΑ
ΚΛΌΟΥΝ
ΕΛΈΦΑΝΤΑΣ
ΕΙΣΙΤΉΡΙΟ
ΖΟΓΚΛΈΡ
ΚΟΣΤΟΎΜΙ
ΛΙΟΝΤΆΡΙ
ΜΑΓΕΊΑ
ΜΟΥΣΙΚΉ
ΠΑΡΈΛΑΣΗ
ΖΏΑ
ΤΊΓΡΗ
ΚΌΛΠΟ
ΔΙΑΣΚΕΔΆΣΕΙ
ΜΆΓΟΣ
ΣΚΗΝΉ
ΘΕΑΤΉΣ

72 - Barbecues

Φ	Ή	Κ	Ι	Σ	Υ	Ο	Μ	Ψ	Γ	Δ	Ρ	Ν	Τ
Ρ	Δ	Κ	Α	Σ	Τ	Λ	Ά	Σ	Ε	Ρ	Β	Λ	Ρ
Ο	Α	Ο	Τ	Λ	Μ	Ζ	Ν	Γ	Ύ	Έ	Ψ	Τ	Ω
Ύ	Ι	Τ	Ά	Π	Ο	Α	Ε	Υ	Μ	Μ	Δ	Γ	Ψ
Τ	Ε	Ό	Λ	Ι	Χ	Κ	Γ	Σ	Α	Ν	Ί	Ε	Π
Ο	Ν	Π	Α	Π	Π	Η	Α	Ε	Τ	Β	Τ	Ψ	Π
Τ	Έ	Ο	Σ	Έ	Τ	Ξ	Α	Ί	Ί	Ό	Μ	Έ	Α
Ω	Γ	Υ	Ψ	Ρ	Π	Ν	Ι	Δ	Ρ	Ρ	Η	Ι	Ι
Χ	Ο	Λ	Υ	Ι	Χ	Π	Ρ	Ε	Ι	Ι	Ε	Τ	Δ
Γ	Κ	Ο	Τ	Ί	Ε	Λ	Ί	Ί	Σ	Τ	Ω	Μ	Ί
Π	Ι	Ρ	Ο	Ύ	Ν	Ι	Α	Π	Χ	Ά	Έ	Σ	Α
Ί	Ο	Υ	Σ	Ρ	Ο	Υ	Χ	Ν	Ά	Λ	Λ	Δ	Η
Έ	Π	Ω	Ί	Ο	Ε	Ρ	Α	Ο	Ρ	Α	Μ	Ψ	Ί
Γ	Χ	Τ	Έ	Μ	Μ	Σ	Μ	Ψ	Α	Μ	Γ	Η	Μ

ΔΕΊΠΝΟ
ΟΙΚΟΓΈΝΕΙΑ
ΦΡΟΎΤΟ
ΠΙΡΟΎΝΙΑ
ΣΧΆΡΑ
ΖΕΣΤΌ
ΚΟΤΌΠΟΥΛΟ
ΠΕΊΝΑ
ΠΑΙΔΊ
ΜΑΓΕΊΡΕΜΑ
ΜΑΧΑΊΡΙΑ
ΓΕΎΜΑ
ΜΟΥΣΙΚΉ
ΠΙΠΈΡΙ
ΣΑΛΆΤΑ
ΑΛΆΤΙ
ΚΑΛΟΚΑΊΡΙ
ΣΆΛΤΣΑ

73 - Küche

Π	Ι	Ρ	Ο	Ύ	Ν	Ι	Α	Μ	Ι	Υ	Ψ	Κ	Ν
Ί	Α	Τ	Ω	Α	Λ	Λ	Ε	Π	Ύ	Κ	Υ	Ο	Π
Υ	Ν	Ι	Ρ	Ά	Γ	Γ	Υ	Ο	Φ	Σ	Γ	Υ	Έ
Έ	Σ	Έ	Β	Λ	Ω	Ξ	Ί	Λ	Ο	Ο	Ε	Τ	Ω
Β	Ρ	Α	Σ	Τ	Ή	Ρ	Α	Σ	Π	Ν	Ί	Ά	Ρ
Χ	Ο	Μ	Ι	Β	Χ	Δ	Α	Ε	Λ	Ρ	Ο	Λ	Έ
Τ	Γ	Τ	Μ	Χ	Ξ	Η	Δ	Χ	Ί	Ύ	Σ	Ι	Κ
Μ	Π	Α	Χ	Α	Ρ	Ι	Κ	Ό	Ρ	Ο	Υ	Α	Ο
Β	Η	Ι	Α	Τ	Ή	Τ	Ψ	Ρ	Ι	Φ	Ν	Ι	Υ
Λ	Λ	Ψ	Υ	Ρ	Υ	Φ	Ξ	Ν	Ί	Ψ	Τ	Κ	Τ
Σ	Χ	Ά	Ρ	Α	Ι	Π	Ο	Δ	Ι	Ά	Α	Ά	Ά
Μ	Α	Χ	Α	Ί	Ρ	Ι	Α	Ρ	Ι	Ξ	Γ	Λ	Λ
Κ	Α	Ν	Ά	Τ	Α	Μ	Ο	Ρ	Τ	Χ	Ή	Υ	Α
Χ	Α	Ρ	Τ	Ο	Π	Ε	Τ	Σ	Έ	Τ	Α	Ξ	Χ

ΤΡΟΦΉ
ΞΥΛΆΚΙΑ
ΠΙΡΟΎΝΙΑ
ΜΠΑΧΑΡΙΚΌ
ΣΧΆΡΑ
ΚΟΥΤΆΛΑ
ΚΑΝΆΤΑ
ΨΥΓΕΊΟ
ΚΟΥΤΆΛΙΑ
ΜΑΧΑΊΡΙΑ
ΦΟΎΡΝΟΣ
ΣΥΝΤΑΓΉ
ΠΟΔΙΆ
ΜΠΟΛ
ΣΦΟΥΓΓΆΡΙ
ΧΑΡΤΟΠΕΤΣΈΤΑ
ΚΎΠΕΛΛΑ
ΒΡΑΣΤΉΡΑΣ

74 - Geographie

Ο	Μ	Σ	Ό	Κ	Ν	Η	Σ	Ί	Σ	Ω	Ί	Υ	Χ
Ψ	Π	Ε	Ω	Ψ	Α	Τ	Λ	Λ	Τ	Κ	Υ	Ψ	Ώ
Λ	Γ	Ε	Σ	Ο	Ρ	Ι	Ε	Π	Ή	Ε	Λ	Ό	Ρ
Ε	Γ	Χ	Ρ	Η	Λ	Ό	Π	Π	Υ	Α	Χ	Μ	Α
Π	Π	Γ	Ο	Ι	Μ	Ω	Σ	Α	Ψ	Ν	Ά	Ε	Σ
Δ	Τ	Ν	Ι	Υ	Ο	Β	Σ	Λ	Ω	Ό	Ρ	Τ	Σ
Ύ	Ά	Ρ	Ρ	Ο	Β	Χ	Ρ	Υ	Ψ	Σ	Τ	Ρ	Α
Σ	Ί	Υ	Ί	Ι	Ω	Η	Ή	Ι	Α	Ι	Η	Ο	Λ
Η	Γ	Ι	Α	Ο	Γ	Δ	Α	Τ	Ν	Α	Λ	Τ	Ά
Έ	Δ	Α	Φ	Ο	Σ	Ξ	Λ	Γ	Π	Ό	Ν	Ε	Θ
Ψ	Ρ	Ψ	Σ	Ό	Ν	Ι	Ρ	Ε	Μ	Η	Σ	Ι	Ί
Ψ	Ο	Λ	Ι	Γ	Ε	Ω	Γ	Ρ	Α	Φ	Ι	Κ	Ό
Ω	Σ	Ό	Μ	Α	Τ	Ο	Π	Λ	Ψ	Ρ	Ψ	Ι	Έ
Α	Ί	Σ	Η	Ψ	Β	Ο	Υ	Ν	Ό	Σ	Ί	Σ	Ί

ΆΤΛΑΝΤΑ
ΙΣΗΜΕΡΙΝΌΣ
ΒΟΥΝΌ
ΠΟΤΑΜΌΣ
ΈΔΑΦΟΣ
ΗΜΙΣΦΑΊΡΙΟ
ΥΨΌΜΕΤΡΟ
ΝΗΣΊ
ΧΆΡΤΗ
ΉΠΕΙΡΟΣ
ΧΏΡΑ
ΓΕΩΓΡΑΦΙΚΌ
ΘΆΛΑΣΣΑ
ΜΕΣΗΜΒΡΙΝΌ
ΒΟΡΡΆ
ΩΚΕΑΝΌΣ
ΠΕΡΙΟΧΉ
ΠΌΛΗ
ΚΌΣΜΟ
ΔΎΣΗ

75 - Zahlen

Ψ	Ξ	Δ	Δ	Δ	Δ	Ξ	Δ	Ε	Ρ	Δ	Ε	Δ	Δ
Ο	Μ	Ε	Ω	Η	Ε	Ε	Ν	Ω	Ο	Μ	Ί	Ώ	Ε
Ρ	Χ	Κ	Η	Α	Μ	Κ	Κ	Δ	Ύ	Ο	Κ	Δ	Κ
Π	Σ	Α	Κ	Έ	Δ	Α	Α	Α	Τ	Ο	Ο	Ε	Α
Λ	Λ	Π	Δ	Ν	Λ	Υ	Ο	Έ	Ο	Υ	Σ	Κ	Δ
Ι	Ξ	Έ	Ε	Ν	Τ	Υ	Κ	Χ	Ξ	Κ	Ι	Α	Ι
Π	Υ	Ν	Κ	Ε	Δ	Ί	Τ	Ψ	Λ	Ι	Τ	Β	Κ
Έ	Ε	Τ	Α	Α	Μ	Ε	Ώ	Τ	Λ	Ω	Α	Ώ	Ό
Ν	Π	Ε	Τ	Κ	Η	Τ	Κ	Ε	Ν	Ν	Έ	Α	Ί
Τ	Τ	Σ	Ρ	Ε	Δ	Π	Α	Α	Ί	Ρ	Τ	Μ	Ι
Ε	Ά	Ρ	Ί	Δ	Έ	Ρ	Τ	Τ	Ε	Ν	Ρ	Ο	Έ
Υ	Μ	Α	Α	Ο	Ν	Τ	Η	Υ	Σ	Π	Τ	Β	Ο
Δ	Ε	Κ	Α	Τ	Έ	Σ	Σ	Ε	Ρ	Α	Τ	Ι	Έ
Ν	Ε	Γ	Τ	Έ	Σ	Σ	Ε	Ρ	Α	Π	Μ	Ά	Η

ΟΚΤΏ
ΔΕΚΑΟΚΤΏ
ΔΕΚΑΔΙΚΌ
ΤΡΊΑ
ΔΕΚΑΤΡΊΑ
ΠΈΝΤΕ
ΔΕΚΑΠΈΝΤΕ
ΕΝΝΈΑ
ΔΕΚΑΕΝΝΈΑ
ΜΗΔΈΝ
ΈΞΙ
ΔΕΚΑΈΞΙ
ΕΠΤΆ
ΔΕΚΑΕΠΤΆ
ΤΈΣΣΕΡΑ
ΔΕΚΑΤΈΣΣΕΡΑ
ΔΈΚΑ
ΕΊΚΟΣΙ
ΔΎΟ
ΔΏΔΕΚΑ

76 - Tage und Monate

Ε	Κ	Ε	Β	Δ	Ο	Μ	Ά	Δ	Α	Τ	Ν	Ο	Τ
Μ	Ή	Υ	Ε	Κ	Σ	Α	Ρ	Α	Π	Ε	Ν	Κ	Δ
Ο	Π	Ι	Ρ	Χ	Ο	Υ	Ν	Ρ	Υ	Τ	Υ	Τ	Ε
Α	Ν	Έ	Ν	Ι	Ω	Α	Λ	Έ	Ο	Ά	Ο	Ω	Κ
Ο	Σ	Α	Η	Η	Α	Σ	Η	Τ	Ί	Ρ	Τ	Β	Ε
Υ	Δ	Η	Ψ	Δ	Έ	Κ	Γ	Υ	Ρ	Τ	Σ	Ρ	Μ
Ν	Υ	Σ	Ν	Α	Η	Υ	Ή	Ε	Β	Η	Ύ	Ί	Β
Σ	Ά	Β	Β	Α	Τ	Ο	Ν	Δ	Μ	Ν	Ο	Ο	Ρ
Ε	Τ	Ο	Σ	Μ	Π	Ί	Β	Χ	Ε	Ι	Γ	Υ	Ί
Η	Ω	Ξ	Η	Ή	Μ	Ν	Μ	Ο	Ο	Ρ	Υ	Τ	Ο
Ο	Ε	Γ	Ξ	Ν	Έ	Υ	Ω	Π	Ν	Σ	Α	Ω	Υ
Σ	Χ	Ο	Α	Α	Π	Ο	Ι	Ο	Υ	Λ	Ί	Ο	Υ
Ε	Χ	Υ	Μ	Σ	Ω	Ι	Ι	Ι	Π	Ι	Ε	Χ	Μ
Σ	Ε	Π	Τ	Ε	Μ	Β	Ρ	Ί	Ο	Υ	Ω	Έ	Λ

ΑΥΓΟΎΣΤΟΥ
ΔΕΚΕΜΒΡΊΟΥ
ΤΡΊΤΗ
ΠΈΜΠΤΗ
ΠΑΡΑΣΚΕΥΉ
ΕΤΟΣ
ΙΟΥΛΊΟΥ
ΙΟΥΝΊΟΥ
ΤΕΤΆΡΤΗ
ΜΉΝΑΣ
ΔΕΥΤΈΡΑ
ΝΟΕΜΒΡΊΟΥ
ΟΚΤΩΒΡΊΟΥ
ΣΆΒΒΑΤΟ
ΣΕΠΤΕΜΒΡΊΟΥ
ΚΥΡΙΑΚΉ
ΕΒΔΟΜΆΔΑ

77 - Das Unternehmen

Ε	Π	Ρ	Ό	Ο	Δ	Ο	Σ	Ο	Η	Ν	Ρ	Ι	Δ
Σ	Π	Ο	Υ	Κ	Α	Ι	Ν	Ο	Τ	Ό	Μ	Ο	Υ
Μ	Μ	Ι	Μ	Ι	Ψ	Δ	Τ	Σ	Η	Ϊ	Π	Ν	Ν
Α	Ο	Ε	Χ	Ε	Β	Π	Ο	Η	Χ	Ο	Α	Υ	Α
Ω	Γ	Ν	Τ	Ε	Β	Ί	Ψ	Σ	Β	Ρ	Ρ	Δ	Τ
Α	Χ	Ω	Ά	Ξ	Ί	Ε	Π	Χ	Έ	Π	Ο	Ν	Ό
Δ	Μ	Ρ	Ν	Δ	Έ	Ρ	Ψ	Ι	Υ	Χ	Υ	Ί	Τ
Χ	Ξ	Ό	Λ	Ω	Ε	Ί	Η	Π	Σ	Έ	Σ	Κ	Η
Π	Υ	Π	Ρ	Δ	Λ	Σ	Ο	Σ	Α	Ρ	Ί	Ε	Τ
Π	Ο	Ι	Ό	Τ	Η	Τ	Α	Ν	Η	Έ	Α	Η	Α
Ε	Π	Έ	Ν	Δ	Υ	Σ	Η	Τ	Χ	Η	Σ	Π	Τ
Β	Ι	Ο	Μ	Η	Χ	Α	Ν	Ί	Α	Μ	Η	Υ	Ε
Δ	Η	Μ	Ι	Ο	Υ	Ρ	Γ	Ι	Κ	Ή	Τ	Ψ	Α
Π	Α	Γ	Κ	Ό	Σ	Μ	Ι	Α	Χ	Φ	Έ	Ρ	Ν

ΜΟΝΆΔΕΣ
ΈΣΟΔΑ
ΠΡΌΟΔΟΣ
ΕΠΙΧΕΊΡΗΣΗ
ΠΑΓΚΌΣΜΙΑ
ΒΙΟΜΗΧΑΝΊΑ
ΚΑΙΝΟΤΌΜΟ
ΕΠΈΝΔΥΣΗ
ΔΗΜΙΟΥΡΓΙΚΉ
ΔΥΝΑΤΌΤΗΤΑ
ΠΑΡΟΥΣΊΑΣΗ
ΠΡΟΪΌΝ
ΠΟΙΌΤΗΤΑ
ΠΌΡΩΝ
ΚΊΝΔΥΝΟΙ
ΦΉΜΗ

78 - Kräuterkunde

Ξ	Λ	Χ	Έ	Π	Λ	Π	Ε	Έ	Μ	Ω	Ξ	Η	Β
Έ	Ο	Χ	Δ	Σ	Ε	Ρ	Σ	Ά	Α	Δ	Μ	Ι	Α
Α	Ε	Δ	Ί	Ω	Β	Ά	Τ	Ν	Ν	Ε	Ρ	Λ	Σ
Ε	Ρ	Α	Γ	Δ	Ά	Σ	Ρ	Η	Τ	Ν	Έ	Σ	Ι
Δ	Υ	Ω	Ν	Ξ	Ν	Ι	Α	Θ	Ζ	Δ	Π	Ο	Λ
Δ	Χ	Ε	Μ	Μ	Τ	Ν	Γ	Ο	Ο	Ρ	Ο	Κ	Ι
Λ	Λ	Β	Ρ	Α	Α	Ο	Κ	Η	Υ	Ο	Ι	Ο	Κ
Α	Ο	Υ	Η	Γ	Τ	Ι	Ό	Ί	Ρ	Λ	Ό	Ρ	Ο
Δ	Θ	Υ	Ξ	Ι	Ε	Ι	Ν	Ξ	Ά	Ί	Τ	Κ	Ύ
Μ	Α	Ρ	Λ	Τ	Ξ	Τ	Κ	Η	Ν	Β	Η	Ή	Ω
Ε	Ρ	Υ	Τ	Ο	Η	Σ	Ι	Ό	Α	Α	Τ	Π	Δ
Ψ	Ά	Τ	Η	Σ	Ύ	Ε	Γ	Κ	Υ	Ν	Α	Ο	Ε
Υ	Μ	Ε	Δ	Η	Τ	Δ	Ι	Υ	Ή	Ο	Γ	Σ	Ξ
Σ	Κ	Ό	Ρ	Δ	Ο	Τ	Ι	Θ	Υ	Μ	Ά	Ρ	Ι

ΑΡΩΜΑΤΙΚΌ
ΒΑΣΙΛΙΚΟΎ
ΛΟΥΛΟΎΔΙ
ΆΝΗΘΟ
ΕΣΤΡΑΓΚΌΝ
ΜΆΡΑΘΟ
ΚΉΠΟΣ
ΓΕΎΣΗ
ΠΡΆΣΙΝΟ
ΣΚΌΡΔΟ
ΛΕΒΆΝΤΑ
ΜΑΝΤΖΟΥΡΆΝΑ
ΠΟΙΌΤΗΤΑ
ΔΕΝΔΡΟΛΊΒΑΝΟ
ΚΡΟΚΟΣ
ΘΥΜΆΡΙ
ΕΥΕΡΓΕΤΙΚΉ

79 - Aktivitäten und Freizeit

Κ	Π	Ξ	Ι	Ξ	Τ	Ϊ	Τ	Έ	Χ	Ν	Η	Λ	Ζ
Κ	Α	Ο	Σ	Ι	Σ	Ε	Γ	Λ	Μ	Ο	Τ	Ν	Ω
Η	Κ	Τ	Δ	Π	Ο	Λ	Κ	Χ	Ό	Μ	Π	Ι	Γ
Π	Ο	Β	Α	Ό	Ν	Ό	Ο	Σ	Ι	Ν	Έ	Τ	Ρ
Ο	Λ	Β	Λ	Δ	Σ	Β	Λ	Υ	Ά	Υ	Ν	Π	Α
Υ	Ύ	Η	Υ	Η	Ύ	Φ	Φ	Λ	Τ	Π	Ο	Ε	Φ
Ρ	Μ	Ο	Σ	Δ	Τ	Σ	Α	Μ	Ρ	Λ	Μ	Ζ	Ι
Ι	Β	Έ	Ν	Υ	Α	Υ	Ε	Ι	Έ	Β	Τ	Ο	Κ
Κ	Η	Ί	Μ	Χ	Ί	Ί	Ρ	Ι	Ρ	Ξ	Α	Π	Ή
Ή	Σ	Κ	Γ	Ν	Ι	Φ	Ρ	Έ	Σ	Ο	Ξ	Ο	Ξ
Ο	Η	Κ	Ά	Μ	Π	Ι	Ν	Γ	Κ	Λ	Ί	Ρ	Σ
Χ	Α	Λ	Α	Ρ	Ω	Τ	Ι	Κ	Ό	Δ	Δ	Ί	Γ
Ν	Ψ	Ά	Ρ	Ε	Μ	Α	Χ	Γ	Χ	Ω	Ι	Α	Ξ
Μ	Π	Ο	Ξ	Μ	Π	Έ	Ι	Ζ	Μ	Π	Ο	Λ	Χ

ΨΆΡΕΜΑ
ΜΠΈΙΖΜΠΟΛ
ΜΠΆΣΚΕΤ
ΜΠΟΞ
ΚΆΜΠΙΝΓΚ
ΧΑΛΑΡΩΤΙΚΌ
ΠΟΔΌΣΦΑΙΡΟ
ΚΗΠΟΥΡΙΚΉ
ΖΩΓΡΑΦΙΚΉ
ΓΚΟΛΦ
ΧΌΜΠΙ
ΤΈΧΝΗ
ΤΑΞΊΔΙ
ΚΟΛΎΜΒΗΣΗ
ΣΈΡΦΙΝΓΚ
ΚΑΤΑΔΎΣΕΙΣ
ΤΈΝΙΣ
ΒΌΛΕΪ
ΠΕΖΟΠΟΡΊΑ

80 - Formen

Γ	Η	Ο	Β	Ά	Λ	Κ	Η	Ω	Υ	Ο	Π	Ρ	Γ
Π	Ρ	Χ	Ι	Α	Ο	Π	Ώ	Η	Ο	Π	Λ	Έ	Γ
Υ	Κ	Α	Ε	Έ	Γ	Λ	Ω	Ν	Τ	Χ	Ε	Τ	Ω
Ρ	Ά	Υ	Μ	Ε	Υ	Α	Γ	Α	Ο	Ν	Υ	Τ	Ν
Α	Ψ	Π	Ξ	Μ	Ψ	Τ	Λ	Α	Α	Σ	Ρ	Σ	Ί
Μ	Η	Ε	Ι	Δ	Ή	Ε	Ξ	Ξ	Ψ	Ο	Ά	Ο	Α
Ί	Σ	Ρ	Έ	Ξ	Π	Ί	Κ	Α	Μ	Π	Ύ	Λ	Η
Δ	Φ	Β	Ψ	Α	Υ	Α	Ψ	Π	Δ	Ί	Γ	Κ	Υ
Α	Α	Ο	Ξ	Ό	Τ	Β	Ψ	Μ	Ρ	Ι	Ψ	Ύ	Τ
Μ	Ί	Λ	Ε	Χ	Ι	Λ	Μ	Π	Σ	Ί	Ψ	Κ	Α
Γ	Ρ	Ή	Τ	Ρ	Ι	Γ	Ώ	Ν	Ο	Υ	Σ	Σ	Ε
Ε	Α	Λ	Ε	Τ	Β	Υ	Ι	Α	Β	Δ	Μ	Μ	Ι
Ί	Σ	Δ	Ν	Ω	Ο	Ν	Ω	Γ	Ύ	Λ	Ο	Π	Α
Έ	Λ	Λ	Ε	Ι	Ψ	Η	Μ	Π	Κ	Υ	Ω	Ε	Έ

ΤΌΞΟ
ΤΡΙΓΏΝΟΥ
ΓΩΝΊΑ
ΈΛΛΕΙΨΗ
ΥΠΕΡΒΟΛΉ
ΆΚΡΗ
ΚΏΝΟΣ
ΚΎΚΛΟΣ
ΣΦΑΊΡΑ
ΚΑΜΠΎΛΗ
ΓΡΑΜΜΉ
ΟΒΆΛ
ΠΟΛΎΓΩΝΟ
ΠΡΊΣΜΑ
ΠΥΡΑΜΊΔΑ
ΠΛΑΤΕΊΑ
ΠΛΕΥΡΆ
ΚΎΒΟΣ

81 - Musik

Δ	Μ	Ό	Π	Ε	Ρ	Α	Ν	Ξ	Ά	Ή	Π	Μ	Ρ
Η	Ο	Υ	Ώ	Ή	Κ	Ι	Σ	Α	Λ	Κ	Α	Ε	Υ
Α	Υ	Ξ	Π	Δ	Χ	Υ	Ι	Τ	Μ	Ι	Ρ	Λ	Θ
Τ	Σ	Υ	Ρ	Μ	Υ	Ί	Ω	Ν	Π	Ν	Μ	Ω	Μ
Ό	Ι	Γ	Π	Ι	Ο	Ο	Λ	Ά	Ο	Ο	Ο	Δ	Ι
Ρ	Κ	Α	Η	Κ	Ξ	Μ	Γ	Λ	Υ	Μ	Ν	Ί	Κ
Γ	Ή	Κ	Ι	Ρ	Υ	Λ	Ψ	Α	Μ	Ρ	Ί	Α	Ή
Α	Ψ	Ν	Β	Ό	Δ	Ε	Α	Π	Ρ	Α	Α	Ξ	Τ
Ν	Ύ	Χ	Ι	Φ	Γ	Ο	Α	Μ	Ν	Τ	Ι	Έ	Έ
Ο	Ο	Ί	Μ	Ω	Χ	Ο	Ρ	Ω	Δ	Ί	Α	Λ	Μ
Ι	Μ	Ξ	Ω	Ν	Π	Ο	Ι	Η	Τ	Ι	Κ	Ή	Π
Έ	Θ	Ρ	Ο	Ο	Μ	Ο	Υ	Σ	Ι	Κ	Ό	Σ	Ο
Α	Υ	Τ	Ο	Σ	Χ	Ε	Δ	Ι	Ά	Σ	Ε	Ι	Γ
Χ	Ρ	Τ	Ρ	Α	Γ	Ο	Υ	Δ	Ι	Σ	Τ	Ή	Σ

ΆΛΜΠΟΥΜ
ΜΠΑΛΆΝΤΑ
ΧΟΡΩΔΊΑ
ΑΡΜΟΝΊΑ
ΑΡΜΟΝΙΚΉ
ΑΥΤΟΣΧΕΔΙΆΣΕΙ
ΌΡΓΑΝΟ
ΚΛΑΣΙΚΉ
ΛΥΡΙΚΉ
ΜΕΛΩΔΊΑ
ΜΙΚΡΌΦΩΝΟ
ΜΟΥΣΙΚΉ
ΜΟΥΣΙΚΌΣ
ΌΠΕΡΑ
ΠΟΙΗΤΙΚΉ
ΡΥΘΜΙΚΉ
ΡΥΘΜΟΎ
ΤΡΑΓΟΥΔΙΣΤΉΣ
ΤΡΑΓΟΥΔΏ
ΤΈΜΠΟ

82 - Antiquitäten

Π	Ο	Ι	Ό	Τ	Η	Τ	Α	Ρ	Τ	Α	Χ	Ν	Π
Β	Ω	Χ	Ρ	Ν	Π	Σ	Ί	Ί	Έ	Ι	Λ	Σ	Ι
Λ	Γ	Ν	Λ	Ω	Α	Ψ	Ρ	Ρ	Χ	Ώ	Σ	Ί	Ή
Ν	Ρ	Λ	Ψ	Α	Λ	Ί	Γ	Γ	Ν	Ν	Σ	Ι	Κ
Ι	Ο	Ί	Ε	Χ	Ι	Ο	Τ	Σ	Η	Α	Η	Ι	Ι
Δ	Ω	Ε	Π	Ε	Ό	Ψ	Μ	Ο	Κ	Σ	Ν	Ξ	Φ
Ε	Π	Έ	Ν	Δ	Υ	Σ	Η	Έ	Π	Ι	Π	Λ	Α
Τ	Ε	Ν	Θ	Ο	Υ	Σ	Ι	Ώ	Δ	Η	Σ	Ν	Ρ
Ι	Α	Σ	Υ	Ν	Ή	Θ	Ι	Σ	Τ	Ο	Χ	Β	Γ
Μ	Α	Υ	Θ	Ε	Ν	Τ	Ι	Κ	Ό	Σ	Μ	Π	Ω
Ή	Κ	Ι	Τ	Π	Υ	Λ	Γ	Ξ	Ί	Α	Τ	Δ	Ζ
Κ	Ο	Σ	Μ	Ή	Μ	Α	Τ	Α	Ο	Ω	Β	Υ	Ι
Δ	Ι	Α	Κ	Ο	Σ	Μ	Η	Τ	Ι	Κ	Ό	Χ	Λ
Α	Σ	Υ	Λ	Λ	Ο	Γ	Ή	Ξ	Υ	Μ	Ι	Ν	Η

ΠΑΛΙΌ
ΣΤΟΙΧΕΊΟ
ΑΥΘΕΝΤΙΚΌ
ΔΙΑΚΟΣΜΗΤΙΚΌ
ΚΟΜΨΌ
ΕΝΘΟΥΣΙΏΔΗΣ
ΣΥΛΛΟΓΉ
ΖΩΓΡΑΦΙΚΉ
ΕΠΈΝΔΥΣΗ

ΑΙΏΝΑΣ
ΤΈΧΝΗ
ΈΠΙΠΛΑ
ΤΙΜΉ
ΠΟΙΌΤΗΤΑ
ΚΟΣΜΉΜΑΤΑ
ΓΛΥΠΤΙΚΉ
ΣΤΥΛ
ΑΣΥΝΉΘΙΣΤΟ

83 - Adjektive #2

Β	Ή	Κ	Ι	Ν	Ο	Ν	Α	Κ	Σ	Γ	Δ	Τ	Λ
Ρ	Σ	Π	Ο	Σ	Δ	Ι	Ά	Σ	Η	Μ	Η	Δ	Ί
Ώ	Υ	Γ	Ι	Ή	Χ	Ε	Μ	Β	Α	Τ	Α	Η	Λ
Σ	Έ	Η	Ρ	Κ	Η	Υ	Ο	Π	Γ	Ξ	Ξ	Μ	Ν
Ι	Ε	Χ	Γ	Ι	Μ	Ω	Ρ	Α	Π	Γ	Ν	Ι	Ο
Μ	Α	Ο	Ά	Σ	Ν	Τ	Δ	Ή	Ο	Σ	Η	Ο	Ρ
Α	Λ	Ρ	Π	Υ	Έ	Λ	Τ	Ω	Χ	Γ	Ο	Υ	Έ
Ρ	Μ	Ε	Α	Φ	Α	Π	Η	Ο	Κ	Σ	Έ	Ρ	Φ
Ξ	Υ	Π	Α	Ρ	Α	Γ	Ω	Γ	Ι	Κ	Ή	Γ	Α
Λ	Ρ	Υ	Υ	Π	Ε	Ύ	Θ	Υ	Ν	Ο	Σ	Ι	Ι
Δ	Ή	Κ	Ι	Τ	Α	Μ	Α	Ρ	Δ	Ε	Έ	Κ	Δ
Π	Ε	Ι	Ν	Α	Σ	Μ	Έ	Ν	Ο	Σ	Γ	Ή	Ν
Α	Υ	Θ	Ε	Ν	Τ	Ι	Κ	Ό	Ψ	Μ	Ο	Κ	Ε
Π	Ε	Ρ	Ι	Γ	Ρ	Α	Φ	Ι	Κ	Ό	Ω	Ο	Μ

ΑΥΘΕΝΤΙΚΌ
ΔΙΆΣΗΜΗ
ΠΕΡΙΓΡΑΦΙΚΌ
ΔΡΑΜΑΤΙΚΉ
ΚΟΜΨΌ
ΒΡΏΣΙΜΑ
ΦΡΈΣΚΟ
ΥΓΙΉ
ΠΕΙΝΑΣΜΈΝΟΣ
ΕΝΔΙΑΦΈΡΟΝ
ΔΗΜΙΟΥΡΓΙΚΉ
ΦΥΣΙΚΉ
ΝΈΑ
ΚΑΝΟΝΙΚΉ
ΠΑΡΑΓΩΓΙΚΉ
ΑΛΜΥΡΉ
ΙΣΧΥΡΉ
ΥΠΕΡΟΧΗ
ΥΠΕΎΘΥΝΟΣ
ΆΓΡΙΟ

84 - Kleidung

Ν	Α	Έ	Η	Α	Υ	Ν	Ε	Μ	Έ	Ε	Σ	Μ	Π
Ξ	Τ	Π	Ι	Τ	Ζ	Ά	Μ	Α	Ό	Η	Υ	Σ	Α
Ε	Σ	Τ	Λ	Λ	Τ	Σ	Γ	Ζ	Λ	Δ	Σ	Κ	Ν
Λ	Ύ	Ν	Ό	Ω	Ο	Ν	Ε	Ύ	Λ	Χ	Α	Ο	Τ
Ό	Ο	Σ	Ι	Μ	Ά	Κ	Υ	Ο	Π	Υ	Υ	Σ	Ε
Κ	Φ	Α	Χ	Ρ	Ε	Β	Ό	Λ	Υ	Ο	Π	Μ	Λ
Σ	Μ	Ί	Α	Ο	Μ	Τ	Τ	Π	Π	Λ	Π	Ή	Ό
Α	Μ	Ε	Ρ	Ό	Φ	Ζ	Λ	Μ	Ο	Έ	Α	Μ	Ν
Κ	Η	Δ	Β	Υ	Α	Ι	Α	Ι	Δ	Π	Π	Α	Ι
Γ	Ά	Ν	Τ	Ι	Α	Ν	Π	Ω	Ι	Α	Ο	Τ	Κ
Έ	Έ	Ι	Ώ	Α	Ξ	Ε	Ε	Ι	Ά	Κ	Ύ	Α	Ά
Β	Δ	Τ	Μ	Ζ	Ω	Σ	Ι	Λ	Ω	Η	Τ	Ί	Κ
Η	Β	Λ	Δ	Ί	Δ	Δ	Τ	Ο	Γ	Σ	Σ	Ί	Α
Ρ	Ξ	Τ	Χ	Δ	Έ	Ι	Ρ	Λ	Δ	Β	Ι	Ρ	Σ

ΒΡΑΧΙΌΛΙ
ΜΠΛΟΎΖΑ
ΖΏΝΗ
ΚΟΛΙΈ
ΓΆΝΤΙΑ
ΠΟΥΚΆΜΙΣΟ
ΠΑΝΤΕΛΌΝΙ
ΚΑΠΈΛΟ
ΣΑΚΆΚΙ
ΤΖΙΝ
ΦΌΡΕΜΑ
ΠΑΛΤΌ
ΜΌΔΑ
ΠΟΥΛΌΒΕΡ
ΦΟΎΣΤΑ
ΚΑΣΚΌΛ
ΠΙΤΖΆΜΑ
ΚΟΣΜΉΜΑΤΑ
ΠΑΠΟΎΤΣΙ
ΠΟΔΙΆ

85 - Farben

Λ	Α	Μ	Τ	Γ	Ί	Β	Λ	Ι	Ί	Η	Τ	Έ	Β
Δ	Ο	Ν	Ι	Κ	Κ	Ό	Κ	Ε	Λ	Π	Μ	Χ	Β
Ρ	Ρ	Υ	Ί	Έ	Η	Π	Υ	Γ	Υ	Π	Ί	Ε	Τ
Ι	Ύ	Γ	Λ	Φ	Ψ	Β	Χ	Ζ	Ι	Κ	Β	Ί	Σ
Β	Α	Β	Α	Α	Ι	Ξ	Ύ	Ο	Φ	Π	Ό	Ν	Σ
Ί	Μ	Σ	Ι	Κ	Κ	Μ	Ο	Ρ	Π	Ι	Ν	Χ	Π
Χ	Ψ	Ω	Π	Ο	Π	Ί	Ν	Υ	Τ	Χ	Α	Ε	Λ
Α	Ψ	Χ	Έ	Ι	Λ	Ί	Ι	Ι	Ν	Α	Υ	Β	Σ
Ο	Ξ	Η	Σ	Ζ	Μ	Ε	Ρ	Λ	Λ	Ρ	Κ	Σ	Χ
Ε	Ε	Η	Γ	Ά	Ο	Ρ	Τ	Ρ	Ρ	Σ	Β	Ε	Ε
Γ	Π	Ψ	Ν	Λ	Β	Ο	Ί	Ί	Ρ	Υ	Δ	Υ	Ί
Κ	Ψ	Λ	Ι	Α	Ρ	Υ	Κ	Η	Χ	Μ	Π	Ε	Ζ
Ρ	Ί	Α	Ψ	Γ	Π	Ο	Ρ	Τ	Ο	Κ	Ά	Λ	Ι
Ι	Π	Ρ	Ά	Σ	Ι	Ν	Ο	Λ	Λ	Τ	Σ	Χ	Σ

ΓΑΛΆΖΙΟ
ΜΠΕΖ
ΜΠΛΕ
ΚΑΦΈ
ΦΟΎΞΙΑ
ΚΊΤΡΙΝΟ
ΓΚΡΙ
ΠΡΆΣΙΝΟ
ΛΟΥΛΑΚΊ
ΜΟΒ
ΠΟΡΤΟΚΆΛΙ
ΡΟΖ
ΚΌΚΚΙΝΟ
ΜΑΎΡΟ
ΣΈΠΙΑ
ΒΙΟΛΕΤΊ
ΛΕΥΚΌ
ΚΥΑΝΌ

86 - Haus

Κ	Ο	Υ	Ζ	Ί	Ν	Α	Υ	Ι	Ψ	Δ	Ω	Β	Ξ
Ο	Α	Ρ	Δ	Λ	Σ	Ο	Π	Ή	Κ	Χ	Η	Ι	Ν
Κ	Ε	Σ	Η	Τ	Κ	Α	Ρ	Φ	Μ	Ε	Δ	Β	Δ
Π	Α	Ψ	Ρ	Ψ	Ο	Έ	Π	Ι	Π	Λ	Α	Λ	Γ
Α	Β	Θ	Γ	Ν	Ύ	Ι	Ο	Ε	Ν	Δ	Τ	Ι	Β
Ρ	Ξ	Ί	Ρ	Μ	Π	Ρ	Ω	Σ	Ο	Χ	Ί	Ο	Τ
Ά	Ρ	Ξ	Α	Ε	Α	Λ	Ά	Μ	Π	Α	Φ	Θ	Ι
Θ	Υ	Ί	Υ	Π	Φ	Υ	Υ	Τ	Σ	Χ	Ο	Ή	Τ
Υ	Ι	Α	Δ	Ό	Σ	Τ	Μ	Ξ	Α	Β	Σ	Κ	Ζ
Ρ	Χ	Ρ	Υ	Ρ	Τ	Τ	Η	Ε	Ε	Β	Ο	Η	Ά
Ο	Σ	Υ	Ο	Τ	Ν	Δ	Έ	Σ	Ο	Χ	Ά	Ω	Κ
Ι	Ί	Ε	Ρ	Α	Ν	Μ	Ν	Γ	Ρ	Λ	Γ	Ν	Ι
Ι	Γ	Κ	Α	Ρ	Ά	Ζ	Δ	Ί	Η	Ψ	Ί	Η	Ι
Υ	Π	Ν	Ο	Δ	Ω	Μ	Ά	Τ	Ι	Ο	Ο	Ι	Π

ΣΚΌΥΠΑ
ΒΙΒΛΙΟΘΉΚΗ
ΣΤΈΓΗ
ΣΟΦΊΤΑ
ΤΑΒΆΝΙ
ΝΤΟΥΣ
ΠΑΡΆΘΥΡΟ
ΓΚΑΡΆΖ
ΚΉΠΟΣ
ΤΖΆΚΙ
ΚΟΥΖΊΝΑ
ΛΆΜΠΑ
ΈΠΙΠΛΑ
ΥΠΝΟΔΩΜΆΤΙΟ
ΚΑΘΡΕΦΤΗΣ
ΠΌΡΤΑ
ΤΟΊΧΟΣ
ΦΡΑΚΤΗΣ

87 - Bauernhof #1

Α	Γ	Ε	Ω	Ρ	Γ	Ί	Α	Τ	Ά	Γ	Ξ	Η	Φ
Μ	Έ	Λ	Ι	Σ	Σ	Α	Η	Έ	Δ	Χ	Ρ	Ω	Ρ
Λ	Ί	Π	Α	Σ	Μ	Α	Έ	Γ	Π	Ν	Π	Ε	Α
Ο	Σ	Π	Ί	Ε	Ο	Ό	Ν	Α	Σ	Ε	Ν	Α	Κ
Ί	Π	Ν	Μ	Λ	Ω	Γ	Γ	Ϊ	Χ	Ρ	Μ	Ν	Τ
Α	Γ	Ε	Λ	Ά	Δ	Α	Ο	Δ	Χ	Ό	Έ	Ν	Η
Μ	Σ	Υ	Δ	Ί	Ε	Δ	Υ	Ο	Γ	Ο	Λ	Ά	Σ
Η	Ο	Κ	Ι	Ι	Ο	Ί	Ρ	Ύ	Ω	Η	Ι	Γ	Ε
Ω	Τ	Σ	Ύ	Ί	Σ	Γ	Ο	Ρ	Σ	Β	Ρ	Ψ	Ρ
Ρ	Ι	Ι	Χ	Λ	Ί	Γ	Ύ	Ι	Κ	Ά	Ρ	Ο	Κ
Ξ	Ξ	Ρ	Σ	Ά	Ο	Π	Ν	Ζ	Ε	Τ	Ξ	Ί	Β
Γ	Λ	Ο	Σ	Π	Ρ	Σ	Ι	Ύ	Τ	Ω	Ν	Δ	Λ
Η	Έ	Ν	Α	Τ	Έ	Ι	Μ	Ρ	Α	Π	Ξ	Ε	Μ
Κ	Ο	Τ	Ό	Π	Ο	Υ	Λ	Ο	Ί	Ί	Ν	Π	Υ

ΜΈΛΙΣΣΑ
ΛΊΠΑΣΜΑ
ΓΑΪΔΟΎΡΙ
ΠΕΔΊΟ
ΣΑΝΌ
ΜΈΛΙ
ΚΟΤΌΠΟΥΛΟ
ΣΚΎΛΟΣ
ΜΟΣΧΆΡΙ
ΓΆΤΑ
ΚΟΡΆΚΙ
ΑΓΕΛΆΔΑ
ΓΗ
ΓΕΩΡΓΊΑ
ΆΛΟΓΟ
ΡΎΖΙ
ΓΟΥΡΟΎΝΙ
ΝΕΡΌ
ΦΡΑΚΤΗΣ
ΓΊΔΑ

88 - Regierung

Δ	Έ	Ρ	Μ	Γ	Ή	Κ	Ι	Ν	Η	Ρ	Ι	Ε	Σ
Σ	Ί	Θ	Ξ	Σ	Ν	Α	Ί	Ξ	Σ	Ι	Δ	Δ	Ύ
Ύ	Χ	Κ	Ν	Ψ	Ξ	Τ	Ω	Ί	Η	Σ	Ι	Ι	Ν
Μ	Π	Μ	Α	Ο	Λ	Ά	Υ	Δ	Τ	Ό	Κ	Κ	Τ
Β	Ψ	Β	Η	Ι	Σ	Σ	Ο	Ψ	Ή	Τ	Α	Α	Α
Ο	Χ	Δ	Ή	Υ	Ο	Τ	Σ	Ρ	Ζ	Η	Σ	Ι	Γ
Λ	Έ	Τ	Κ	Υ	Π	Α	Μ	Χ	Υ	Τ	Τ	Ο	Μ
Ο	Ο	Ί	Ι	Π	Έ	Σ	Ψ	Ν	Σ	Α	Ι	Σ	Α
Ί	Μ	Ψ	Τ	Η	Ψ	Η	Λ	Ί	Η	Τ	Κ	Ύ	Ί
Π	Ε	Ρ	Ι	Ο	Χ	Ή	Ε	Ι	Έ	Μ	Ή	Ν	Λ
Ρ	Β	Λ	Λ	Δ	Η	Μ	Ό	Σ	Ι	Α	Ε	Η	Ι
Α	Ρ	Β	Ο	Δ	Ι	Α	Φ	Ω	Ν	Ί	Α	Ί	Μ
Ν	Β	Έ	Π	Ε	Λ	Ε	Υ	Θ	Ε	Ρ	Ί	Α	Ο
Δ	Η	Μ	Ο	Κ	Ρ	Α	Τ	Ί	Α	Ξ	Μ	Η	Ο

ΠΕΡΙΟΧΉ
ΔΗΜΟΚΡΑΤΊΑ
ΜΝΗΜΕΊΟ
ΣΥΖΉΤΗΣΗ
ΔΙΑΦΩΝΊΑ
ΕΛΕΥΘΕΡΊΑ
ΕΙΡΗΝΙΚΉ
ΔΙΚΑΙΟΣΎΝΗ
ΔΊΚΑΙΟ
ΙΣΌΤΗΤΑ
ΔΙΚΑΣΤΙΚΉ
ΈΘΝΟΣ
ΠΟΛΙΤΙΚΉ
ΟΜΙΛΊΑ
ΚΑΤΆΣΤΑΣΗ
ΣΎΜΒΟΛΟ
ΣΎΝΤΑΓΜΑ
ΔΗΜΌΣΙΑ

89 - Berufe #1

Δ	Λ	Ξ	Α	Γ	Α	Π	Ψ	Υ	Ρ	Γ	Μ	Τ	Ι
Ι	Ν	Ο	Ω	Α	Α	Υ	Π	Ξ	Π	Ε	Η	Ρ	Σ
Δ	Ξ	Υ	Γ	Έ	Λ	Χ	Ψ	Η	Ι	Ω	Χ	Α	Ο
Ά	Δ	Α	Υ	Ι	Ψ	Γ	Η	Σ	Α	Λ	Α	Π	Φ
Κ	Ι	Σ	Δ	Μ	Σ	Χ	Η	Σ	Ν	Ό	Ν	Ε	Ά
Τ	Κ	Τ	Ρ	Σ	Ο	Τ	Έ	Α	Ί	Γ	Ι	Ζ	Ρ
Ω	Η	Ρ	Α	Μ	Γ	Ξ	Ή	Ρ	Σ	Ο	Κ	Ί	Γ
Ρ	Γ	Ο	Υ	Ν	Ό	Α	Ε	Σ	Τ	Σ	Ό	Τ	Ο
Υ	Ό	Ν	Λ	Λ	Λ	Ν	Χ	Ί	Α	Η	Σ	Η	Τ
Ξ	Ρ	Ό	Ι	Ε	Ο	Δ	Ν	Ρ	Σ	Ω	Ω	Σ	Ρ
Λ	Ο	Μ	Κ	Λ	Χ	Ν	Ο	Σ	Ο	Κ	Ό	Μ	Α
Σ	Σ	Ο	Ό	Λ	Υ	Π	Ρ	Έ	Σ	Β	Η	Σ	Χ
Ψ	Ο	Σ	Σ	Α	Ψ	Χ	Ο	Ρ	Ε	Υ	Τ	Ή	Σ
Μ	Ο	Υ	Σ	Ι	Κ	Ό	Σ	Ό	Γ	Η	Ν	Υ	Κ

ΔΙΔΆΚΤΩΡ
ΑΣΤΡΟΝΌΜΟΣ
ΤΡΑΠΕΖΊΤΗΣ
ΠΡΈΣΒΗΣ
ΛΟΓΙΣΤΉΣ
ΓΕΩΛΌΓΟΣ
ΚΥΝΗΓΌΣ
ΧΑΡΤΟΓΡΆΦΟΣ
ΥΔΡΑΥΛΙΚΌΣ
ΝΟΣΟΚΌΜΑ
ΜΗΧΑΝΙΚΌΣ
ΜΟΥΣΙΚΌΣ
ΠΙΑΝΊΣΤΑΣ
ΨΥΧΟΛΌΓΟΣ
ΔΙΚΗΓΌΡΟΣ
ΧΟΡΕΥΤΉΣ

90 - Adjektive #1

Τ	Π	Μ	Ω	Ε	Α	Α	Σ	Σ	Ξ	Ά	Ι	Λ	Ε
Π	Ο	Ι	Ε	Λ	Έ	Τ	Ρ	Ο	Ε	Ι	Χ	Σ	Υ
Ε	Λ	Ι	Η	Ε	Γ	Ψ	Σ	Γ	Β	Θ	Δ	Υ	Τ
Λ	Ύ	Γ	Τ	Λ	Ε	Π	Τ	Ή	Ή	Α	Α	Έ	Υ
Κ	Τ	Δ	Υ	Σ	Ι	Η	Ε	Υ	Ψ	Β	Ρ	Ί	Χ
Υ	Ι	Ί	Λ	Ε	Ά	Φ	Υ	Ί	Ό	Ε	Β	Ή	Ι
Σ	Μ	Δ	Ό	Ν	Ο	Ρ	Ύ	Ο	Κ	Σ	Ν	Γ	Σ
Τ	Α	Ι	Π	Ε	Ν	Ο	Ε	Ά	Ι	Ρ	Α	Β	Μ
Ι	Α	Α	Α	Ρ	Ρ	Μ	Γ	Τ	Τ	Ξ	Λ	Ω	Έ
Κ	Θ	Ψ	Σ	Γ	Έ	Ό	Δ	Λ	Α	Λ	Τ	Ι	Ν
Ό	Ώ	Ρ	Α	Ή	Τ	Ί	Σ	Λ	Μ	Α	Λ	Ν	Ο
Δ	Ο	Ν	Π	Ι	Ν	Χ	Δ	Μ	Ω	Ν	Τ	Γ	Τ
Έ	Σ	Ξ	Τ	Ί	Ο	Δ	Ε	Έ	Ρ	Σ	Ι	Ο	Γ
Η	Ξ	Υ	Ω	Γ	Μ	Χ	Δ	Β	Α	Λ	Β	Ο	Σ

ΑΠΌΛΥΤΗ
ΕΝΕΡΓΉ
ΑΡΩΜΑΤΙΚΌ
ΕΛΚΥΣΤΙΚΌ
ΣΚΟΎΡΟ
ΛΕΠΤΉ
ΣΟΒΑΡΉ
ΕΥΤΥΧΙΣΜΈΝΟ
ΊΔΙΑ
ΑΡΓΉ
ΜΟΝΤΈΡΝΟ
ΤΈΛΕΙΟ
ΤΕΡΆΣΤΙΟ
ΌΜΟΡΦΗ
ΒΑΡΙΆ
ΒΑΘΙΆ
ΑΘΏΟΣ
ΠΟΛΎΤΙΜΑ

91 - Geometrie

Π	Θ	Ε	Ω	Ρ	Ί	Α	Ί	Ε	Τ	Α	Λ	Π	Ο
Υ	Ο	Ν	Ώ	Γ	Ι	Ρ	Τ	Ι	Σ	Ε	Α	Δ	Β
Λ	Η	Σ	Ο	Λ	Κ	Ύ	Κ	Λ	Η	Σ	Ε	Τ	Μ
Ε	Ο	Η	Ο	Σ	Β	Ω	Ε	Ε	Ι	Α	Ω	Μ	Α
Ξ	Γ	Γ	Β	Σ	Ό	Η	Ν	Ι	Μ	Χ	Ο	Τ	Ι
Ί	Ω	Χ	Ι	Σ	Τ	Μ	Ά	Ζ	Α	Μ	Ή	Μ	Τ
Σ	Ν	Α	Ψ	Κ	Έ	Ό	Θ	Α	Μ	Ρ	Έ	Κ	Ν
Ω	Ί	Ψ	Δ	Δ	Ή	Ξ	Μ	Ι	Ε	Ί	Ξ	Α	Ό
Σ	Α	Ν	Η	Λ	Η	Λ	Λ	Ά	Ρ	Α	Π	Μ	Ζ
Η	Σ	Υ	Μ	Μ	Ε	Τ	Ρ	Ί	Α	Α	Γ	Π	Ι
Υ	Π	Ο	Λ	Ο	Γ	Ι	Σ	Μ	Ό	Σ	Α	Ύ	Ρ
Ε	Π	Ι	Φ	Ά	Ν	Ε	Ι	Α	Ρ	Ί	Τ	Λ	Ο
Σ	Χ	Δ	Ι	Ά	Μ	Ε	Τ	Ρ	Ο	Σ	Ξ	Η	Β
Ι	Ί	Δ	Ι	Ά	Σ	Τ	Α	Σ	Η	Υ	Ψ	Ο	Σ

ΠΟΣΟΣΤΌ
ΥΠΟΛΟΓΙΣΜΌΣ
ΔΙΆΣΤΑΣΗ
ΤΡΙΓΏΝΟΥ
ΔΙΆΜΕΤΡΟΣ
ΕΞΊΣΩΣΗ
ΟΡΙΖΌΝΤΙΑ
ΥΨΟΣ
ΚΎΚΛΟΣ
ΚΑΜΠΎΛΗ

ΛΟΓΙΚΉ
ΜΆΖΑ
ΑΡΙΘΜΌΣ
ΕΠΙΦΆΝΕΙΑ
ΠΑΡΆΛΛΗΛΗ
ΠΛΑΤΕΊΑ
ΤΜΉΜΑ
ΣΥΜΜΕΤΡΊΑ
ΘΕΩΡΊΑ
ΓΩΝΊΑ

92 - Jazz

Σ	Γ	Ι	Ί	Ε	Η	Σ	Τ	Υ	Λ	Ο	Τ	Ι	Σ
Α	Γ	Α	Π	Η	Μ	Έ	Ν	Α	Ξ	Σ	Ί	Δ	Υ
Ω	Υ	Ε	Β	Ί	Η	Μ	Τ	Ε	Χ	Ψ	Ξ	Ύ	Ν
Ψ	Ν	Έ	Α	Γ	Σ	Ο	Ο	Α	Έ	Β	Τ	Ο	Α
Ο	Α	Ι	Ρ	Χ	Ά	Δ	Λ	Υ	Λ	Π	Χ	Γ	Υ
Π	Ρ	Ρ	Α	Ρ	Ι	Ο	Ό	Β	Σ	Έ	Σ	Α	Λ
Α	Β	Χ	Ε	Ί	Δ	Ο	Σ	Ρ	Α	Ι	Ν	Ρ	Ί
Λ	Ο	Ρ	Ή	Κ	Ι	Ν	Χ	Ε	Τ	Ε	Κ	Τ	Α
Ι	Τ	Ι	Ο	Σ	Ρ	Υ	Θ	Μ	Ο	Ύ	Έ	Ή	Ο
Ό	Ψ	Π	Λ	Η	Τ	Έ	Θ	Ν	Υ	Σ	Ω	Ι	Ί
Δ	Β	Χ	Ί	Ε	Π	Ρ	Ά	Λ	Μ	Π	Ο	Υ	Μ
Σ	Ύ	Ν	Θ	Ε	Σ	Η	Α	Ν	Α	Π	Μ	Ύ	Τ
Χ	Ε	Ι	Ρ	Ο	Κ	Ρ	Ό	Τ	Η	Μ	Α	Ι	Α
Κ	Α	Λ	Λ	Ι	Τ	Έ	Χ	Ν	Η	Σ	Ι	Σ	Ι

ΆΛΜΠΟΥΜ	ΜΟΥΣΙΚΉ
ΠΑΛΙΌ	ΝΈΑ
ΧΕΙΡΟΚΡΌΤΗΜΑ	ΟΡΧΉΣΤΡΑ
ΔΙΆΣΗΜΗ	ΡΥΘΜΟΎ
ΑΓΑΠΗΜΈΝΑ	ΤΎΜΠΑΝΑ
ΕΊΔΟΣ	ΣΌΛΟ
ΣΥΝΘΈΤΗ	ΣΤΥΛ
ΣΥΝΑΥΛΊΑ	ΤΑΛΈΝΤΟ
ΚΑΛΛΙΤΈΧΝΗΣ	ΤΕΧΝΙΚΉ
ΤΡΑΓΟΎΔΙ	ΣΎΝΘΕΣΗ

93 - Mathematatik

Χ	Ι	Α	Α	Ο	Ρ	Θ	Ο	Γ	Ώ	Ν	Ι	Ο	Π
Ί	Α	Κ	Ί	Ν	Ά	Θ	Ρ	Ο	Ι	Σ	Μ	Α	Α
Υ	Ί	Τ	Τ	Ω	Ε	Ξ	Ί	Σ	Ω	Σ	Η	Ρ	Ρ
Υ	Ρ	Ί	Ξ	Γ	Ε	Ν	Μ	Ε	Π	Ε	Ξ	Ί	Ά
Δ	Τ	Ν	Ω	Ύ	Α	Λ	Ν	Σ	Π	Κ	Ή	Α	Λ
Τ	Ε	Α	Ψ	Λ	Ω	Τ	Ξ	Ί	Λ	Θ	Κ	Φ	Λ
Ρ	Μ	Κ	Σ	Ο	Τ	Ε	Θ	Ά	Κ	Έ	Ι	Σ	Η
Ι	Ω	Μ	Α	Π	Π	Β	Σ	Σ	Γ	Τ	Τ	Δ	Λ
Γ	Ε	Α	Μ	Δ	Έ	Λ	Λ	Ο	Π	Η	Η	Ξ	Η
Ώ	Γ	Ψ	Σ	Ξ	Ι	Ν	Α	Β	Ο	Ο	Μ	Ί	Ί
Ν	Μ	Η	Ά	Λ	Μ	Κ	Τ	Τ	Υ	Ψ	Θ	Λ	Β
Ο	Ο	Ξ	Λ	Λ	Μ	Ξ	Ό	Α	Ε	Υ	Ι	Ω	Λ
Υ	Έ	Τ	Κ	Ψ	Μ	Ω	Ι	Π	Σ	Ί	Ρ	Γ	Μ
Β	Σ	Υ	Μ	Μ	Ε	Τ	Ρ	Ί	Α	Η	Α	Τ	Α

ΑΡΙΘΜΗΤΙΚΉ
ΚΛΆΣΜΑ
ΔΕΚΑΔΙΚΌ
ΤΡΙΓΏΝΟΥ
ΕΚΘΈΤΗ
ΓΕΩΜΕΤΡΊΑ
ΕΞΊΣΩΣΗ
ΣΦΑΊΡΑ
ΠΑΡΆΛΛΗΛΗ
ΠΟΛΎΓΩΝΟ
ΠΛΑΤΕΊΑ
ΑΚΤΊΝΑ
ΟΡΘΟΓΏΝΙΟ
ΚΆΘΕΤΟΣ
ΆΘΡΟΙΣΜΑ
ΣΥΜΜΕΤΡΊΑ
ΈΝΤΑΣΗ

94 - Messungen

Ζ	Γ	Τ	Χ	Σ	Ό	Μ	Θ	Α	Β	Τ	Χ	Μ	Χ
Υ	Ε	Ό	Β	Π	Ω	Ή	Χ	Σ	Ε	Η	Ι	Έ	Μ
Γ	Γ	Ν	Τ	Έ	Ί	Κ	Υ	Ψ	Ο	Σ	Λ	Τ	Ά
Ί	Π	Ο	Η	Σ	Υ	Ο	Ξ	Ε	Η	Α	Ι	Ρ	Ζ
Ζ	Ξ	Σ	Ρ	Ο	Ο	Σ	Έ	Λ	Τ	Τ	Ό	Ο	Α
Ω	Ψ	Ψ	Α	Θ	Σ	Τ	Ψ	Σ	Ό	Ν	Γ	Δ	Ε
Ι	Ξ	Λ	Χ	Ά	Ο	Ε	Α	Τ	Τ	Έ	Ρ	Ε	Ί
Λ	Ξ	Ξ	Γ	Β	Τ	Υ	Σ	Κ	Π	Ρ	Α	Κ	Ν
Γ	Ρ	Α	Μ	Μ	Ά	Ρ	Ι	Ο	Ε	Σ	Μ	Α	Τ
Ψ	Η	Φ	Ι	Ο	Λ	Ε	Ξ	Η	Λ	Ί	Μ	Δ	Σ
Γ	Ο	Ρ	Β	Ο	Π	Υ	Ν	Έ	Ί	Χ	Ο	Ι	Α
Ν	Έ	Ο	Υ	Γ	Γ	Ι	Ά	Μ	Τ	Ν	Ψ	Κ	Έ
Ι	Τ	Ε	Χ	Τ	Ε	Ξ	Δ	Λ	Ρ	Δ	Ξ	Ό	Ω
Ο	Ψ	Σ	Λ	Υ	Ί	Γ	Ι	Α	Ο	Ρ	Τ	Β	Ί

ΠΛΆΤΟΣ
ΨΗΦΙΟΛΕΞΗ
ΔΕΚΑΔΙΚΌ
ΖΥΓΊΖΩ
ΒΑΘΜΌΣ
ΓΡΑΜΜΆΡΙΟ
ΥΨΟΣ
ΧΙΛΙΌΓΡΑΜΜΟ
ΜΉΚΟΣ
ΛΊΤΡΟ
ΜΆΖΑ
ΜΈΤΡΟ
ΛΕΠΤΌ
ΒΆΘΟΣ
ΤΌΝΟΣ
ΟΥΓΓΙΆ
ΈΝΤΑΣΗ
ΕΚΑΤΟΣΤΌ
ΊΝΤΣΑ

95 - Boxen

Έ	Η	Ξ	Ω	Χ	Π	Α	Ν	Ά	Κ	Τ	Η	Σ	Η
Σ	Η	Μ	Ε	Ί	Α	Η	Μ	Δ	Ύ	Ν	Α	Μ	Η
Γ	Σ	Υ	Ω	Η	Ξ	Ξ	Γ	Ε	Υ	Η	Μ	Ε	Δ
Γ	Π	Χ	Δ	Ο	Τ	Ο	Ι	Ο	Η	Μ	Υ	Π	Έ
Υ	Ω	Ω	Ο	Τ	Ρ	Τ	Ο	Γ	Ύ	Έ	Δ	Ι	Ο
Ί	Ι	Ν	Α	Ι	Τ	Ν	Ά	Γ	Ν	Ν	Α	Δ	Α
Σ	Ο	Χ	Ί	Ί	Ν	Λ	Γ	Δ	Ο	Β	Ι	Ε	Γ
Ώ	Ί	Τ	Ί	Α	Ο	Ι	Α	Ι	Τ	Ξ	Γ	Ξ	Κ
Μ	Κ	Λ	Ω	Τ	Σ	Ώ	Ά	Χ	Ο	Έ	Ρ	Ι	Ώ
Α	Ε	Α	Ν	Τ	Ί	Π	Α	Λ	Ο	Σ	Ο	Ό	Ν
Ε	Ξ	Α	Ν	Τ	Λ	Η	Θ	Ε	Ί	Ί	Θ	Τ	Α
Δ	Ι	Α	Ι	Τ	Η	Τ	Ή	Σ	Υ	Ψ	Ι	Η	Τ
Κ	Ο	Υ	Δ	Ο	Ύ	Ν	Ι	Ψ	Ι	Ρ	Ά	Τ	Ξ
Ε	Σ	Τ	Ί	Α	Σ	Η	Σ	Ή	Τ	Η	Χ	Α	Μ

ΓΩΝΊΑ
ΑΓΚΏΝΑ
ΕΞΑΝΤΛΗΘΕΊ
ΓΡΟΘΙΆ
ΕΠΙΔΕΞΙΌΤΗΤΑ
ΕΣΤΊΑΣΗ
ΑΝΤΊΠΑΛΟΣ
ΚΟΥΔΟΎΝΙ
ΓΆΝΤΙΑ
ΜΑΧΗΤΉΣ
ΚΛΩΤΣΏ
ΠΗΓΟΎΝΙ
ΣΏΜΑ
ΣΗΜΕΊΑ
ΑΝΆΚΤΗΣΗ
ΔΙΑΙΤΗΤΉΣ
ΣΧΟΙΝΙΆ
ΔΎΝΑΜΗ

96 - Bauernhof #2

Ε	Ι	Ι	Κ	Ό	Π	Μ	Α	Λ	Α	Κ	Δ	Ψ	Π
Κ	Υ	Ψ	Έ	Λ	Η	Ρ	Χ	Υ	Ξ	Η	Σ	Β	Ε
Έ	Χ	Δ	Ρ	Ξ	Σ	Σ	Υ	Β	Π	Ά	Δ	Ξ	Ρ
Ω	Α	Ρ	Ν	Ί	Ι	Ό	Ρ	Σ	Ι	Ρ	Ψ	Ξ	Ι
Τ	Ι	Μ	Χ	Α	Ρ	Κ	Ώ	Β	Υ	Δ	Μ	Δ	Β
Ν	Π	Ψ	Ά	Ι	Ά	Σ	Ν	Υ	Ι	Ε	Μ	Τ	Ό
Α	Ά	Ε	Ω	Λ	Θ	Ο	Α	Ψ	Υ	Υ	Ξ	Ο	Λ
Έ	Π	Λ	Χ	Λ	Ι	Β	Ά	Δ	Ι	Σ	Ζ	Τ	Ι
Γ	Ψ	Τ	Ξ	Υ	Ρ	Ρ	Μ	Π	Α	Η	Ώ	Ύ	Μ
Ω	Ά	Ι	Υ	Έ	Κ	Α	Ά	Έ	Ί	Π	Α	Ο	Τ
Υ	Η	Λ	Ι	Ψ	Α	Λ	Ο	Τ	Α	Β	Ό	Ρ	Π
Η	Σ	Λ	Α	Π	Ω	Ν	Γ	Υ	Ι	Ρ	Τ	Φ	Μ
Α	Γ	Ρ	Ο	Τ	Η	Σ	Δ	Μ	Μ	Σ	Υ	Λ	Β
Χ	Ρ	Τ	Ρ	Α	Κ	Τ	Έ	Ρ	Ο	Ξ	Φ	Υ	Ω

ΑΓΡΟΤΗΣ
ΆΡΔΕΥΣΗ
ΚΥΨΈΛΗ
ΠΆΠΙΑ
ΦΡΟΎΤΟ
ΦΥΤΌ
ΚΡΙΘΆΡΙ
ΛΆΜΑ
ΑΡΝΊ
ΚΑΛΑΜΠΌΚΙ
ΓΆΛΑ
ΠΕΡΙΒΌΛΙ
ΠΡΌΒΑΤΟ
ΒΟΣΚΌΣ
ΑΧΥΡΏΝΑ
ΖΏΑ
ΤΡΑΚΤΈΡ
ΣΙΤΆΡΙ
ΛΙΒΆΔΙ

97 - Gartenarbeit

Φ	Ε	Ω	Ε	Α	Ι	Έ	Τ	Λ	Ρ	Β	Ε	Ά	Σ
Ύ	Γ	Π	Ι	Μ	Μ	Ε	Ί	Ο	Ξ	Ν	Ί	Ν	Ω
Λ	Χ	Γ	Ο	Ε	Β	Ρ	Ω	Μ	Ι	Ά	Δ	Θ	Λ
Λ	Ρ	Ε	Ρ	Χ	Γ	Ψ	Α	Β	Β	Χ	Ο	Ο	Ή
Ο	Ι	Λ	Ό	Β	Ι	Ρ	Ε	Π	Χ	Φ	Σ	Σ	Ν
Χ	Υ	Ε	Π	Ο	Ψ	Α	Σ	Χ	Υ	Ύ	Κ	Μ	Α
Δ	Ό	Η	Σ	Υ	Σ	Έ	Κ	Ι	Ξ	Λ	Ο	Π	Μ
Ή	Κ	Ι	Ν	Α	Τ	Ο	Β	Ή	Η	Λ	Π	Ο	Ι
Έ	Ι	Λ	Υ	Γ	Ρ	Α	Σ	Ί	Α	Ω	Ρ	Υ	Σ
Ι	Τ	Ν	Ί	Δ	Ο	Χ	Ε	Ί	Ο	Μ	Ό	Κ	Ώ
Ν	Ω	Π	Ε	Μ	Ξ	Τ	Β	Η	Γ	Α	Χ	Έ	Ρ
Υ	Ξ	Ν	Δ	Ρ	Α	Π	Σ	Ι	Ο	Η	Ω	Τ	Β
Π	Ε	Λ	Ί	Υ	Ό	Ψ	Υ	Β	Ξ	Α	Μ	Ο	Π
Π	Ί	Μ	Τ	Η	Ε	Ε	Ι	Η	Σ	Ι	Α	Ί	Ν

ΕΊΔΟΣ
ΦΎΛΛΟ
ΆΝΘΟΣ
ΒΟΤΑΝΙΚΉ
ΔΟΧΕΊΟ
ΒΡΏΣΙΜΑ
ΕΞΩΤΙΚΌ
ΥΓΡΑΣΊΑ
ΚΛΊΜΑ
ΚΟΠΡΌΧΩΜΑ
ΦΎΛΛΩΜΑ
ΠΕΡΙΒΌΛΙ
ΣΠΌΡΟΙ
ΕΠΟΧΙΑΚΉ
ΣΩΛΉΝΑ
ΒΡΩΜΙΆ
ΜΠΟΥΚΈΤΟ
ΝΕΡΌ

98 - Berufe #2

Ι	Σ	Μ	Ο	Α	Δ	Γ	Μ	Γ	Ξ	Σ	Σ	Τ	Ζ
Ω	Ο	Ρ	Ί	Υ	Ά	Β	Π	Έ	Τ	Δ	Έ	Σ	Ω
Μ	Φ	Τ	Σ	Χ	Σ	Ν	Ι	Α	Ν	Α	Λ	Ο	Γ
Α	Ο	Σ	Ο	Ή	Κ	Ι	Τ	Ο	Λ	Ι	Π	Φ	Ρ
Κ	Σ	Η	Φ	Χ	Α	Ν	Γ	Σ	Λ	Σ	Σ	Ά	Ά
Η	Ό	Τ	Ά	Ε	Λ	Μ	Χ	Α	Ψ	Ό	Ό	Ρ	Φ
Π	Λ	Έ	Ρ	Ω	Ο	Χ	Δ	Β	Ψ	Κ	Γ	Γ	Ο
Ο	Ι	Ρ	Γ	Ο	Σ	Ο	Ρ	Τ	Α	Ι	Ρ	Ο	Σ
Υ	Φ	Υ	Ο	Π	Ν	Σ	Ξ	Έ	Ω	Ν	Υ	Ι	Σ
Ρ	Ν	Ε	Τ	Η	Α	Α	Υ	Έ	Ί	Α	Ο	Σ	Σ
Ό	Δ	Φ	Ω	Ρ	Χ	Σ	Ύ	Ω	Ρ	Χ	Ρ	Ο	Τ
Σ	Β	Ε	Φ	Ι	Ψ	Ί	Δ	Τ	Γ	Η	Ι	Μ	Ψ
Ε	Ρ	Ε	Υ	Ν	Η	Τ	Ή	Σ	Η	Μ	Ε	Η	Ρ
Ν	Τ	Ε	Τ	Έ	Κ	Τ	Ι	Β	Χ	Σ	Χ	Δ	Χ

ΙΑΤΡΟΣ
ΑΣΤΡΟΝΑΎΤΗΣ
ΒΙΟΛΌΓΟΣ
ΧΕΙΡΟΥΡΓΌΣ
ΝΤΕΤΈΚΤΙΒ
ΕΦΕΥΡΈΤΗΣ
ΕΡΕΥΝΗΤΉΣ
ΦΩΤΟΓΡΆΦΟΣ
ΚΗΠΟΥΡΌΣ
ΜΗΧΑΝΙΚΌΣ
ΔΗΜΟΣΙΟΓΡΆΦΟΣ
ΔΆΣΚΑΛΟΣ
ΖΩΓΡΆΦΟΣ
ΦΙΛΌΣΟΦΟΣ
ΠΙΛΟΤΙΚΉ

99 - Wetter

Ψ	Υ	Α	Π	Ά	Γ	Ο	Σ	Ο	Ρ	Υ	Ί	Γ	Κ
Τ	Χ	Ε	Χ	Χ	Ξ	Δ	Μ	Λ	Μ	Ω	Τ	Β	Λ
Α	Ι	Ρ	Ο	Π	Ο	Λ	Ι	Κ	Ή	Ί	Ξ	Έ	Ί
Τ	Ο	Ά	Υ	Ά	Ν	Ε	Μ	Ο	Σ	Ν	Χ	Υ	Μ
Μ	Υ	Κ	Ρ	Κ	Σ	Ύ	Ν	Ν	Ε	Φ	Ο	Λ	Α
Ό	Ρ	Ι	Ά	Α	Α	Έ	Ή	Τ	Ν	Ο	Ρ	Β	Η
Σ	Ι	Μ	Ν	Ι	Μ	Τ	Π	Ξ	Η	Ρ	Ό	Η	Τ
Φ	Κ	Ο	Ι	Σ	Ό	Ν	Α	Ρ	Υ	Ο	Ο	Ρ	Ρ
Α	Α	Υ	Ο	Ε	Ε	Υ	Ρ	Ι	Σ	Ι	Η	Ε	Ο
Ι	Ν	Σ	Τ	Ν	Γ	Σ	Τ	Ψ	Γ	Μ	Έ	Μ	Π
Ρ	Α	Ώ	Ό	Ν	Ο	Ξ	Σ	Υ	Λ	Ί	Ε	Ί	Ι
Α	Σ	Ν	Ξ	Τ	Ψ	Α	Α	Ε	Ξ	Ε	Δ	Α	Κ
Ο	Α	Α	Ο	Ξ	Η	Ρ	Α	Σ	Ί	Α	Δ	Α	Ή
Σ	Ί	Σ	Θ	Ε	Ρ	Μ	Ο	Κ	Ρ	Α	Σ	Ί	Α

ΑΤΜΌΣΦΑΙΡΑ
ΑΣΤΡΑΠΉ
ΑΕΡΆΚΙ
ΒΡΟΝΤΉ
ΞΗΡΑΣΊΑ
ΠΆΓΟΣ
ΟΥΡΑΝΌΣ
ΧΙΟΥΡΙΚΑΝΑΣ
ΚΛΊΜΑ
ΜΟΥΣΏΝΑΣ
ΟΜΊΧΛΗ
ΠΟΛΙΚΉ
ΟΥΡΆΝΙΟ ΤΌΞΟ
ΗΡΕΜΊΑ
ΚΑΤΑΙΓΊΔΑ
ΘΕΡΜΟΚΡΑΣΊΑ
ΞΗΡΌ
ΤΡΟΠΙΚΉ
ΆΝΕΜΟΣ
ΣΎΝΝΕΦΟ

100 - Chemie

Λ	Α	Ξ	Σ	Μ	Η	Ο	Μ	Υ	Ζ	Ν	Έ	Η	Θ
Β	Υ	Ο	Α	Α	Δ	Ν	Σ	Ι	Υ	Κ	Α	Ω	Ε
Η	Λ	Ε	Κ	Τ	Ρ	Ό	Ν	Ι	Ο	Α	Ν	Ε	Ρ
Ε	Ο	Έ	Α	Η	Υ	Γ	Ό	Ε	Ι	Τ	Τ	Ί	Μ
Τ	Α	Ο	Ρ	Τ	Δ	Υ	Ι	Β	Ρ	Α	Ί	Α	Ο
Δ	Υ	Υ	Θ	Ό	Ρ	Ξ	Η	Ι	Ώ	Λ	Δ	Λ	Κ
Ζ	Ο	Ρ	Ν	Μ	Ο	Ο	Ω	Ο	Λ	Ύ	Ρ	Υ	Ρ
Α	Υ	Ξ	Ά	Ρ	Γ	Σ	Π	Λ	Χ	Τ	Α	Γ	Α
Α	Έ	Γ	Ύ	Ε	Ό	Ο	Χ	Ο	Β	Η	Σ	Ρ	Σ
Δ	Γ	Ρ	Ί	Θ	Ν	Ο	Η	Γ	Έ	Έ	Η	Ό	Ί
Β	Σ	Έ	Ι	Ζ	Ο	Ό	Κ	Ι	Λ	Α	Κ	Λ	Α
Ε	Δ	Τ	Ψ	Ο	Ω	Ω	Έ	Κ	Μ	Ό	Ρ	Ι	Ο
Π	Υ	Ρ	Η	Ν	Ι	Κ	Ή	Ή	Α	Λ	Ά	Τ	Ι
Η	Γ	Έ	Υ	Ε	Υ	Ι	Ν	Ν	Ι	Ξ	Ε	Ρ	Ω

ΑΛΚΑΛΙΚΌ
ΧΛΏΡΙΟ
ΗΛΕΚΤΡΌΝΙΟ
ΈΝΖΥΜΟ
ΥΓΡΌ
ΑΈΡΙΟ
ΖΥΓΊΖΩ
ΘΕΡΜΌΤΗΤΑ
ΙΌΝ
ΚΑΤΑΛΎΤΗ
ΆΝΘΡΑΚΑΣ
ΜΌΡΙΟ
ΠΥΡΗΝΙΚΉ
ΒΙΟΛΟΓΙΚΉ
ΑΝΤΊΔΡΑΣΗ
ΑΛΆΤΙ
ΟΞΥΓΌΝΟ
ΟΞΎ
ΘΕΡΜΟΚΡΑΣΊΑ
ΥΔΡΟΓΌΝΟ

1 - Gesundheit und Wellness #2

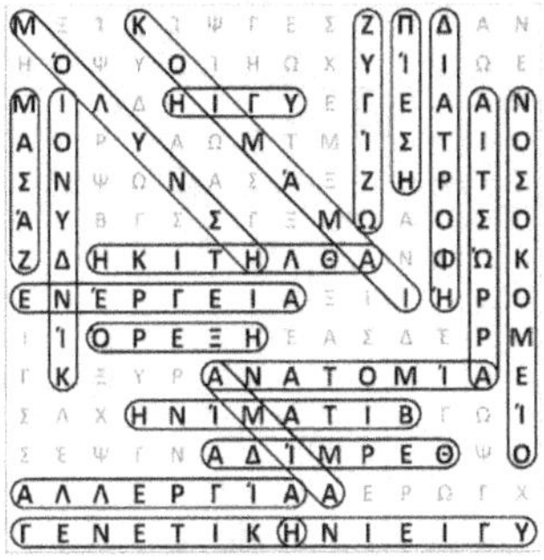

2 - Ozean

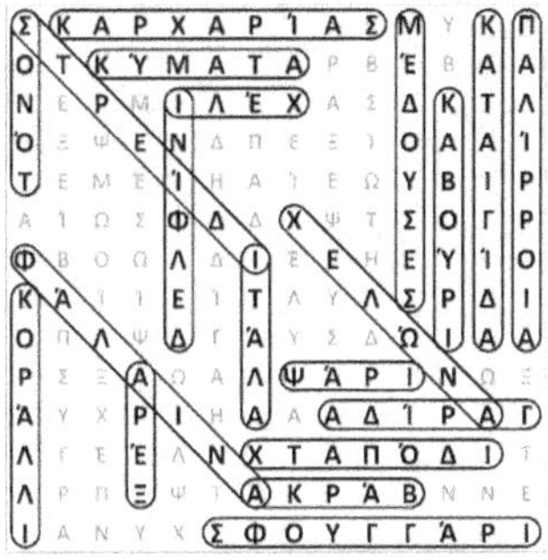

3 - Meditation

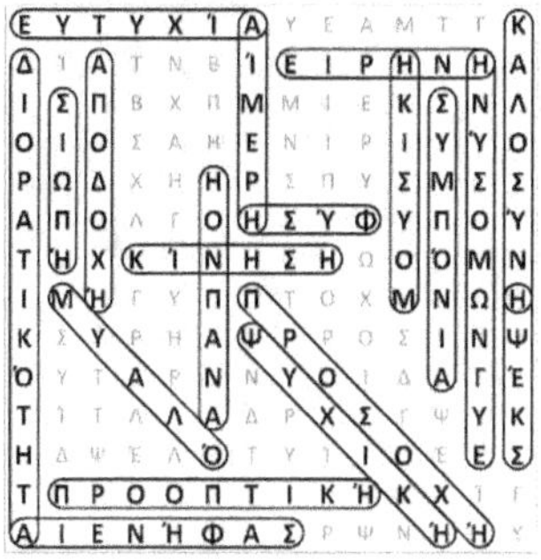

4 - Archäologie

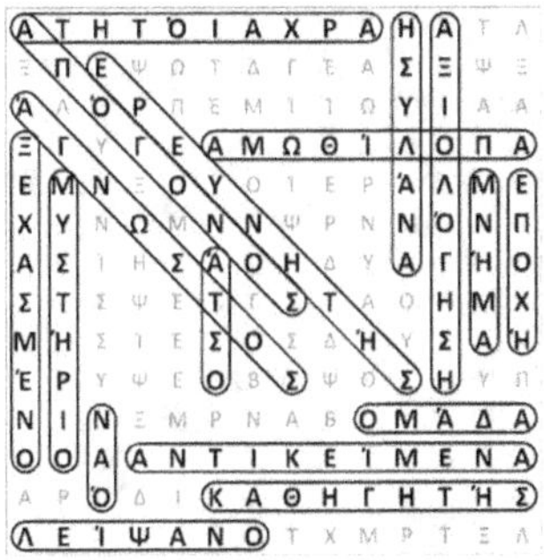

5 - Gesundheit und Wellness #1

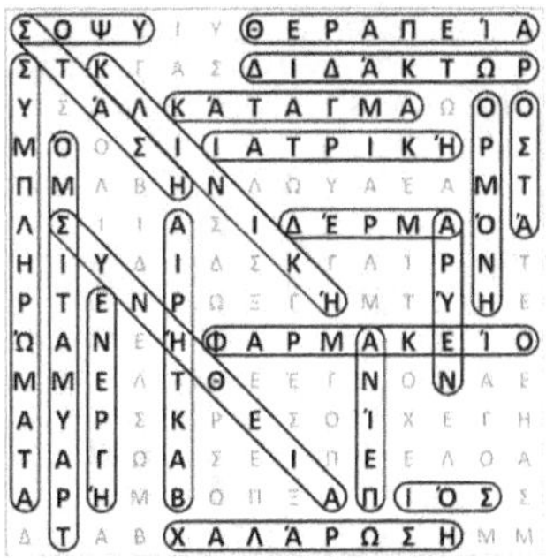

6 - Obst

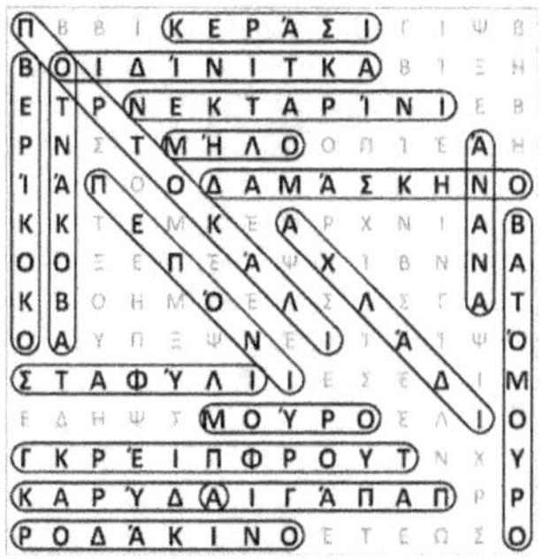

7 - Universum

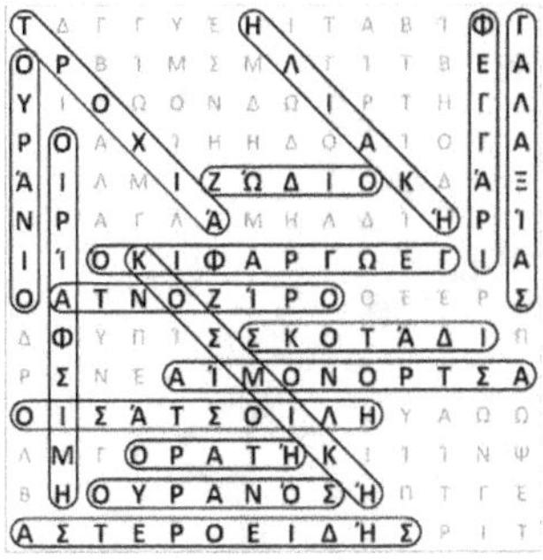

8 - Camping

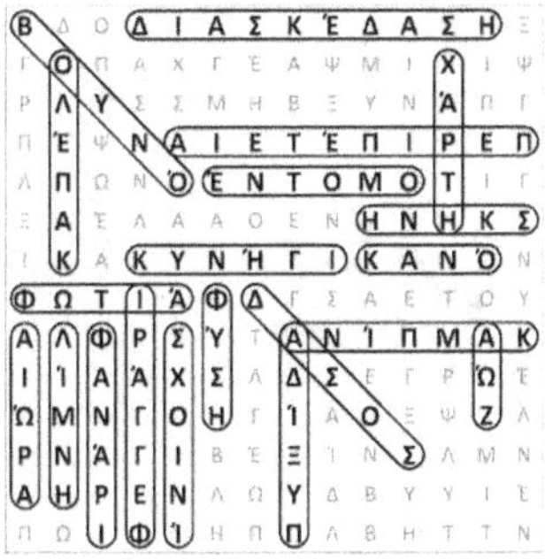

9 - Zeit

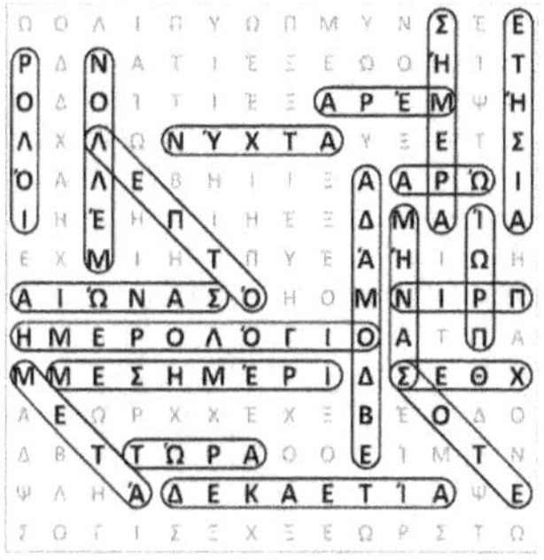

10 - Säugetiere

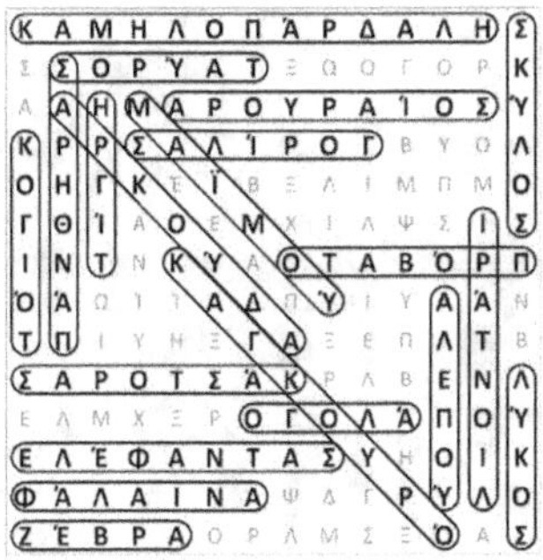

11 - Algebra

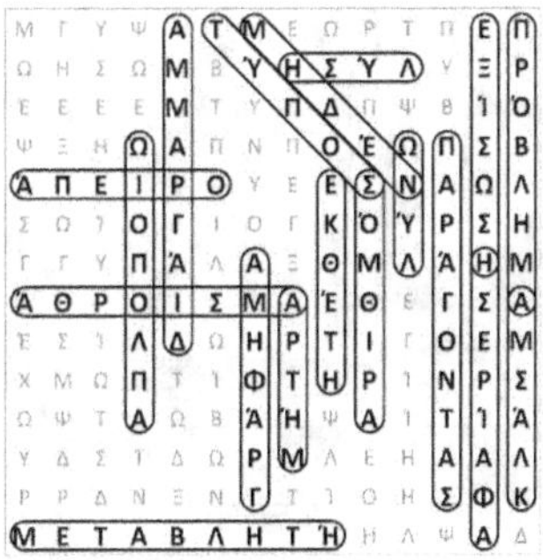

12 - Philanthropie

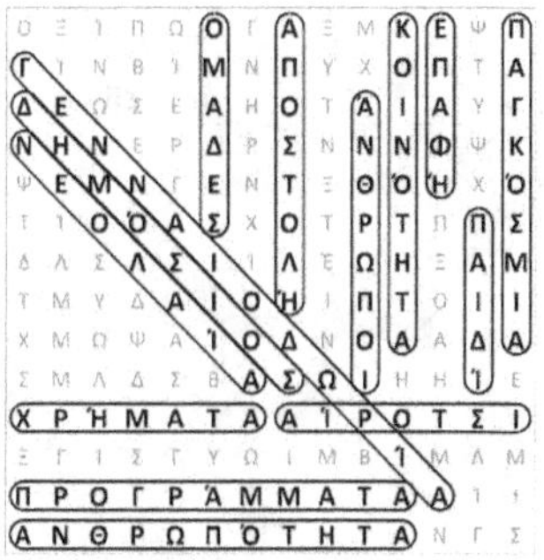

13 - Diplomatie

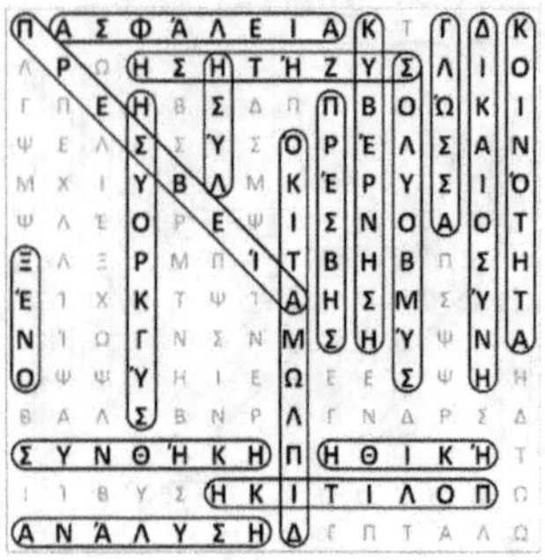

14 - Astronomie

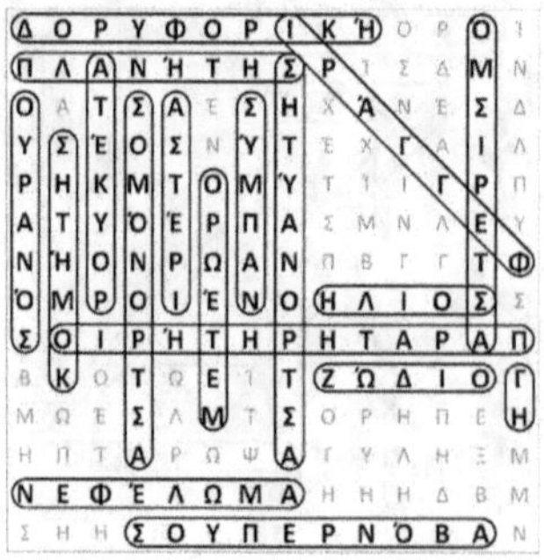

15 - Ballett

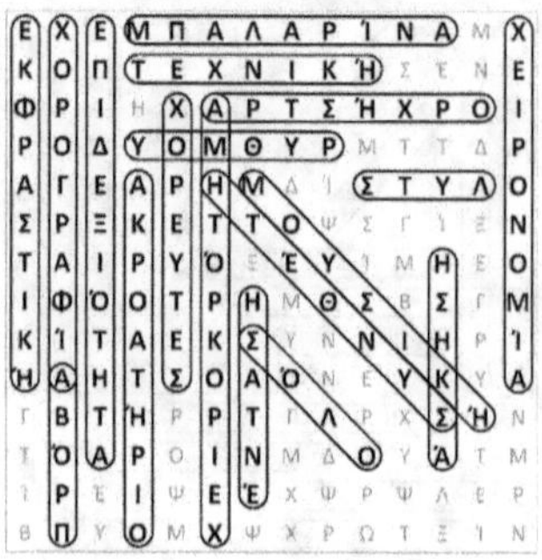

16 - Geologie

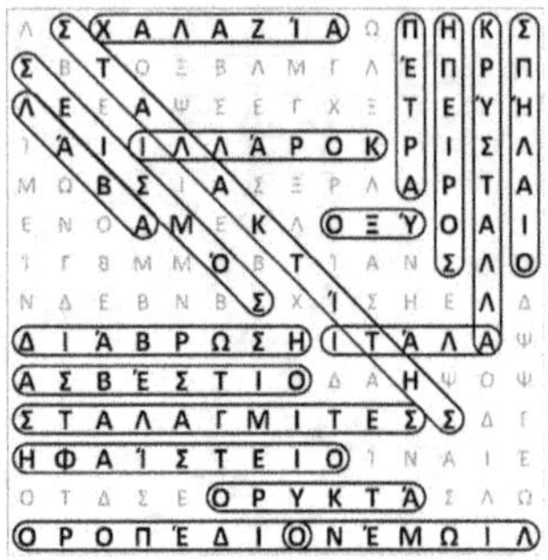

17 - Wissenschaft

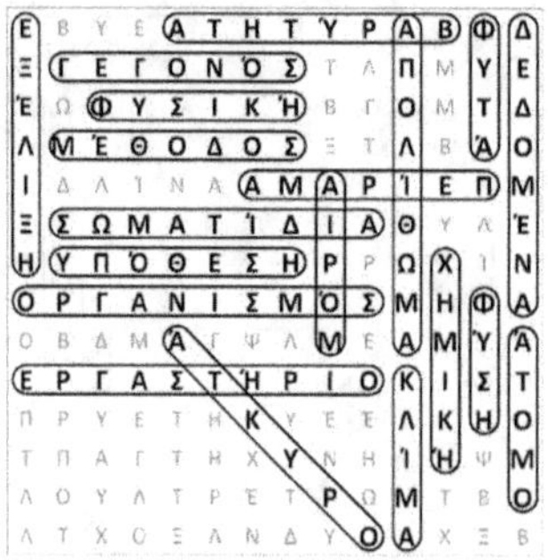

18 - Bildende Kunst

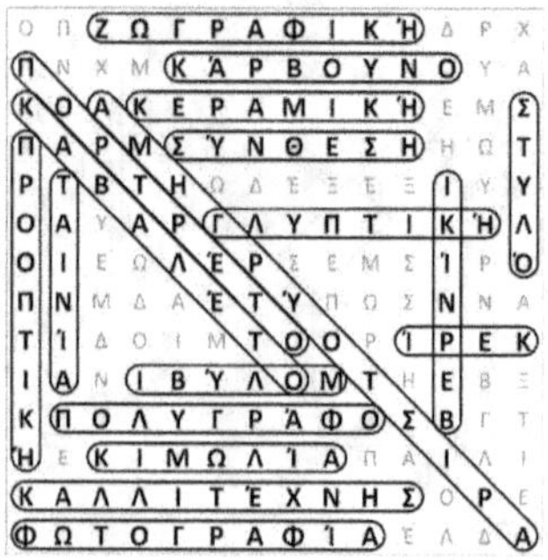

19 - Sport

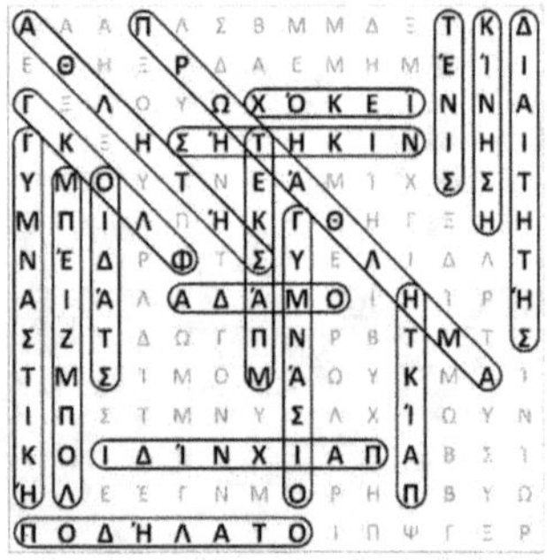

20 - Mythologie

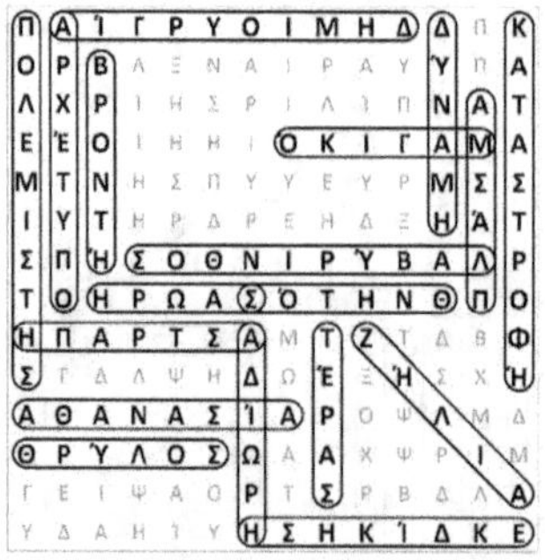

21 - Restaurant #2

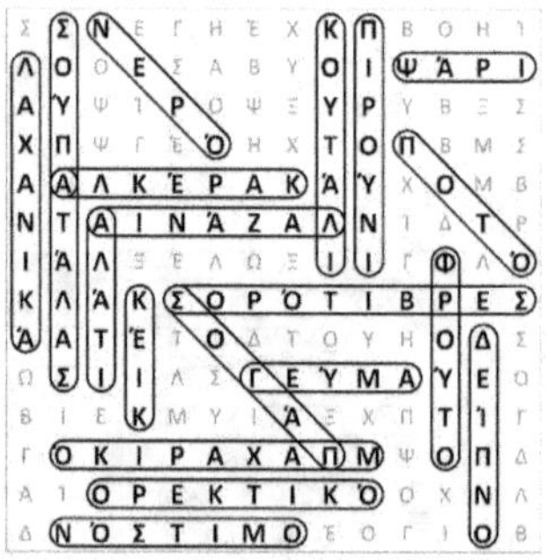

22 - Ökologie

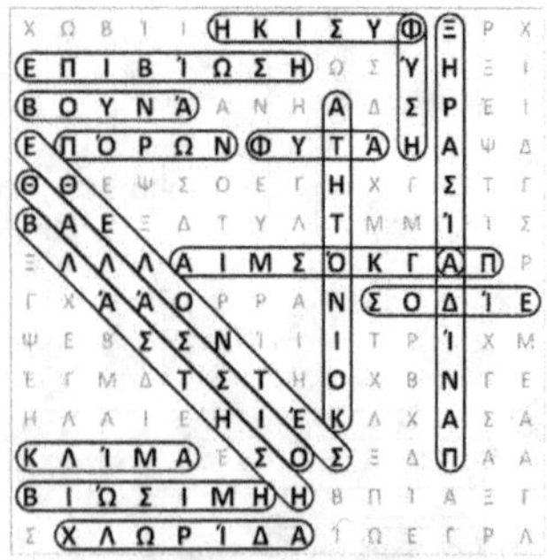

23 - Schokolade

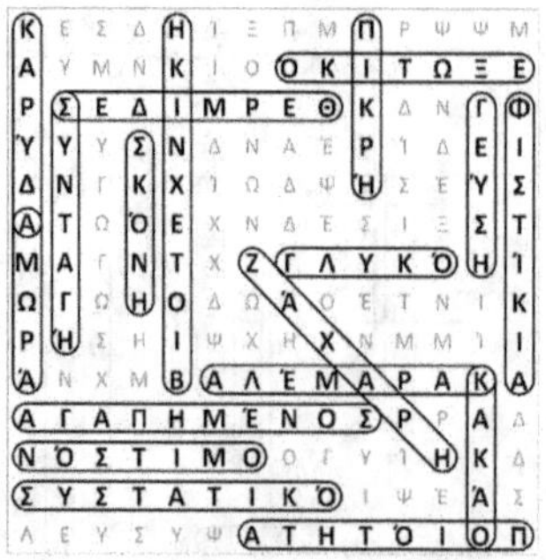

24 - Boote

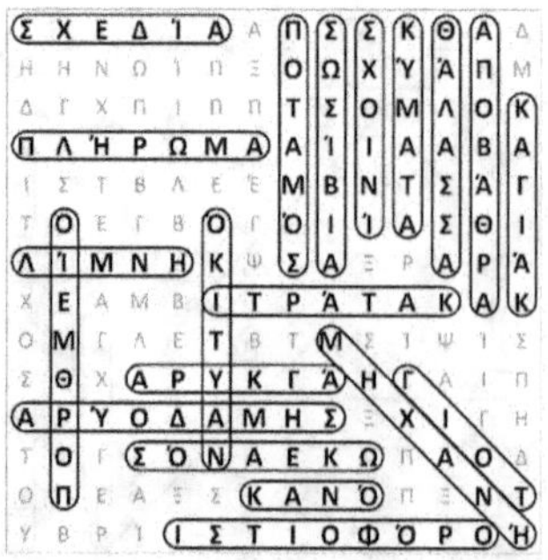

25 - Stadt

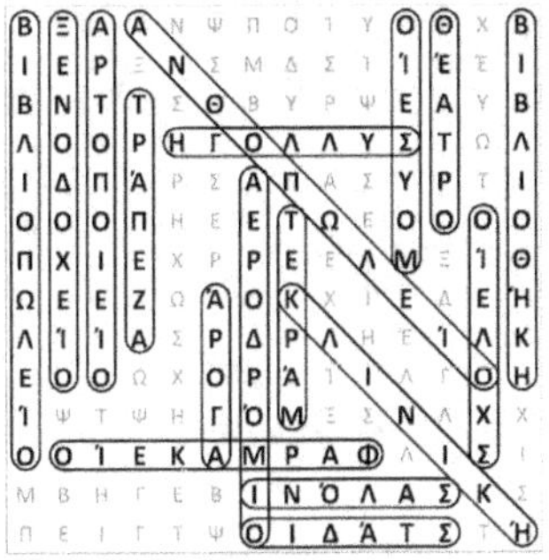

26 - Aktivitäten

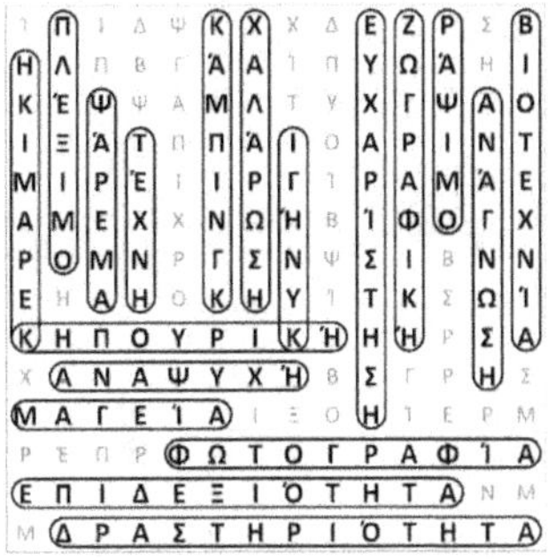

27 - Bienen

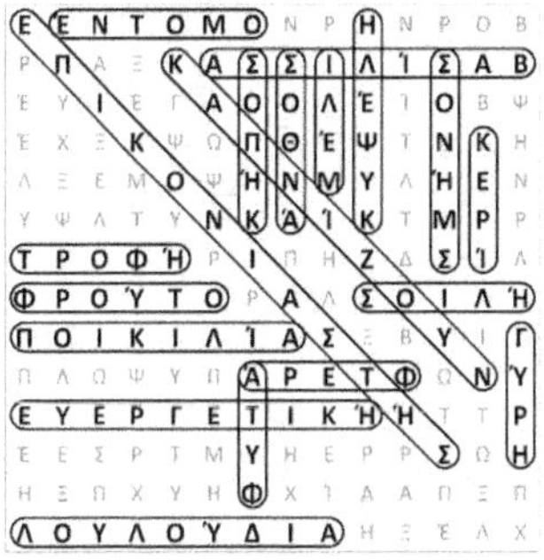

28 - Wissenschaftliche

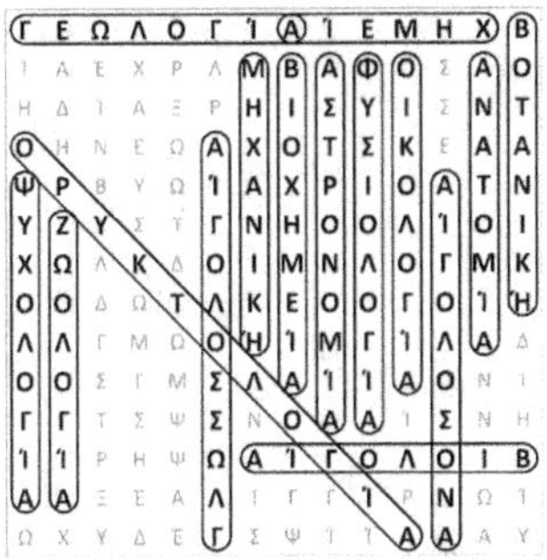

29 - Vögel

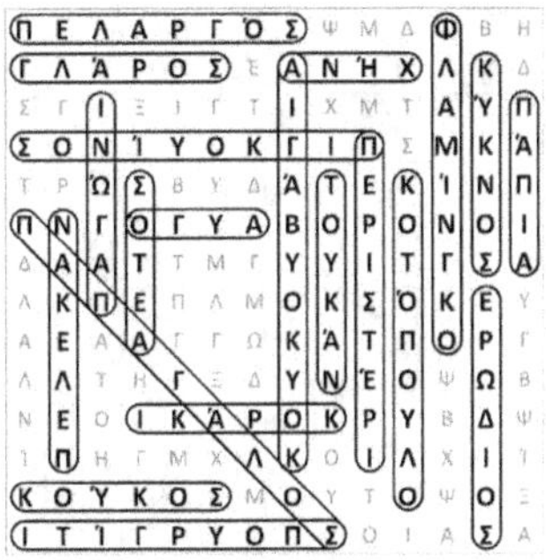

30 - Elektrizität

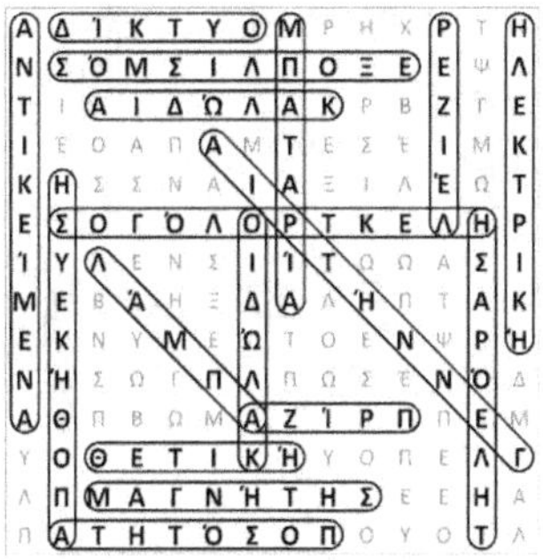

31 - Antarktis

32 - Fahren

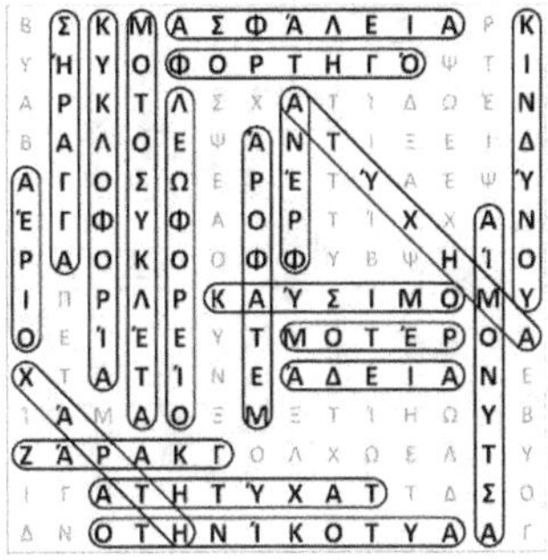

33 - Physik

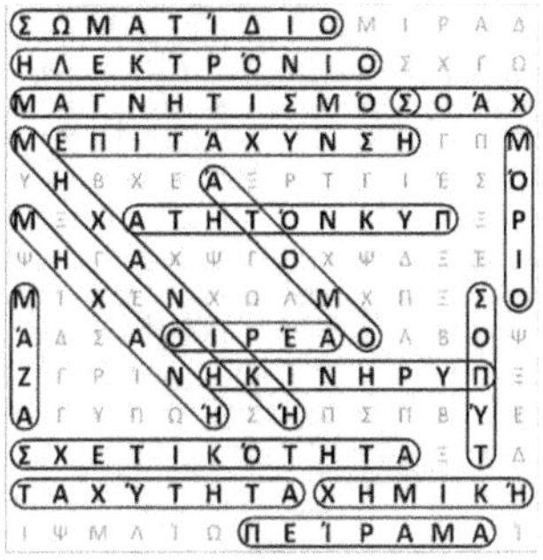

34 - Bücher

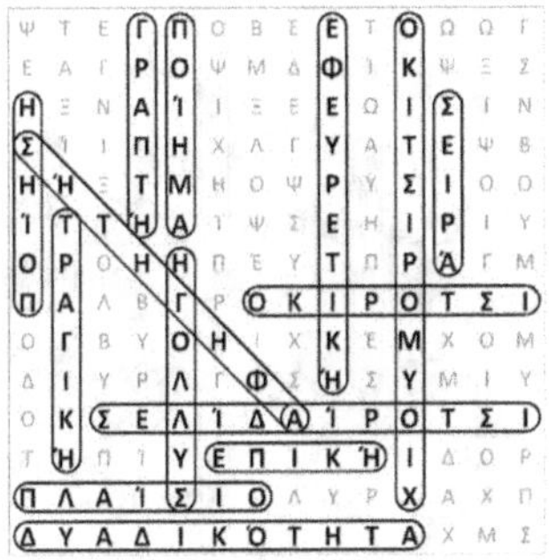

35 - Menschlicher Körper

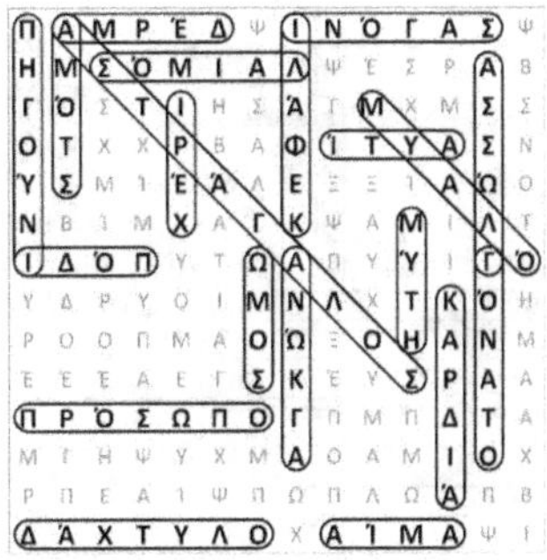

36 - Landschaften

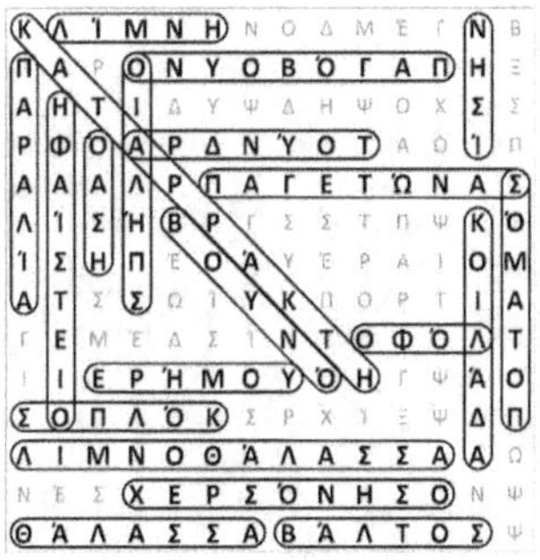

37 - Abenteuer

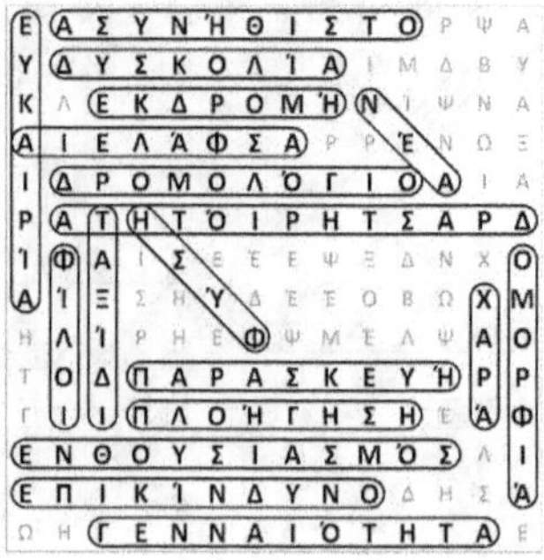

38 - Flugzeuge

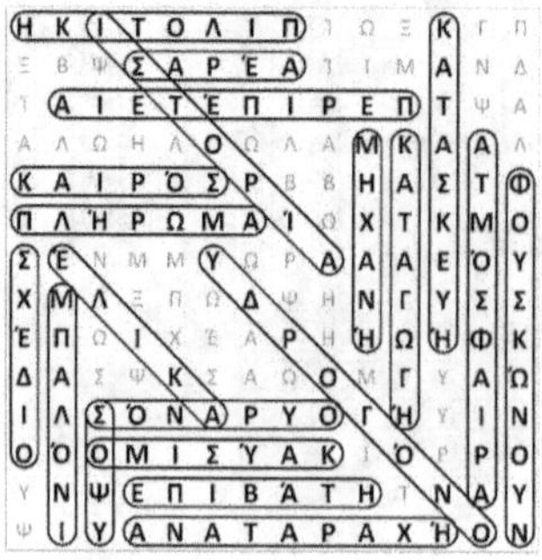

39 - Haartypen

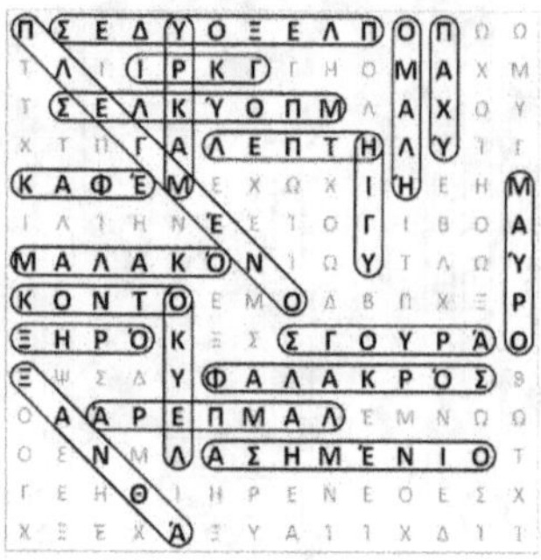

40 - Essen #1

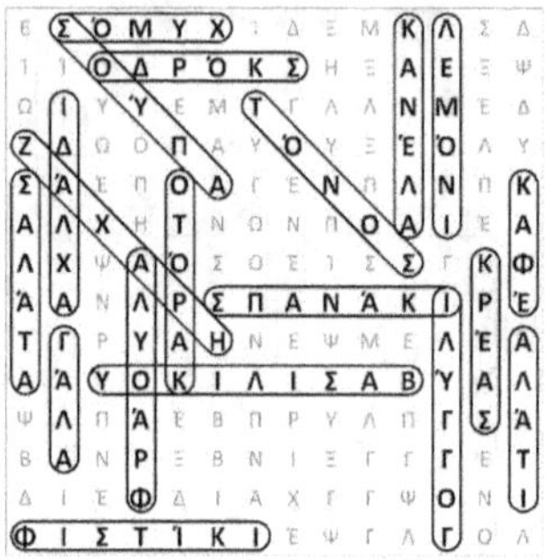

41 - Ethik

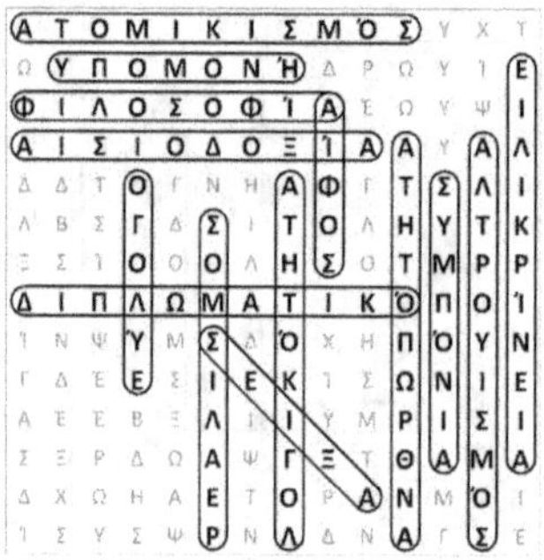

42 - Gebäude

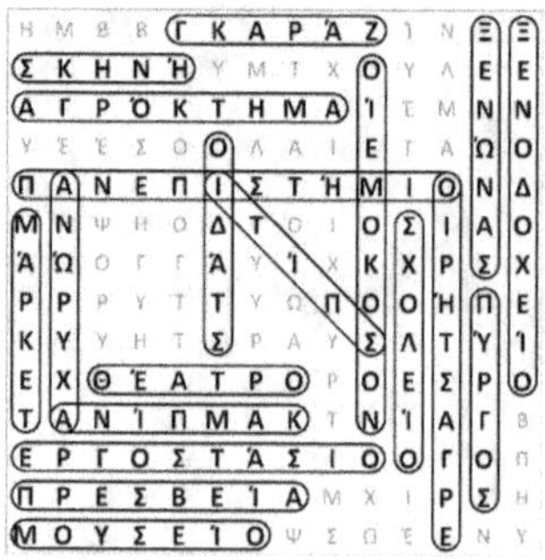

43 - Mode

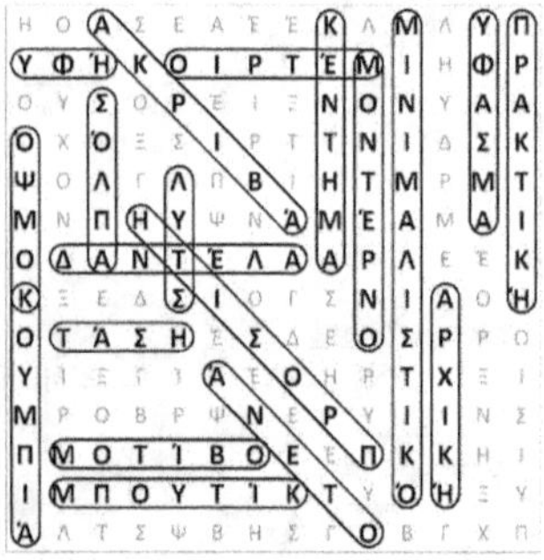

44 - Angeln

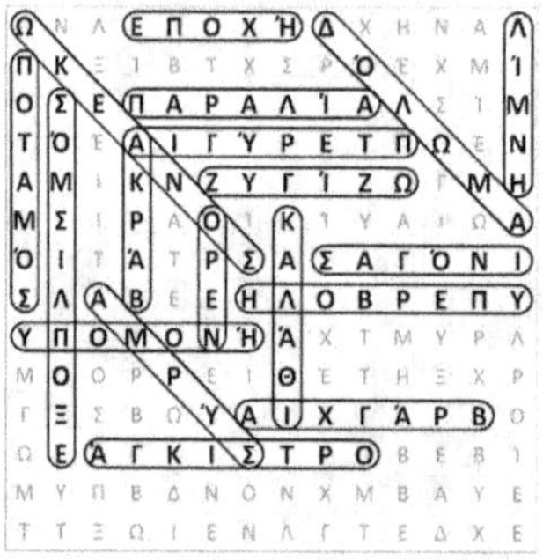

45 - Essen #2

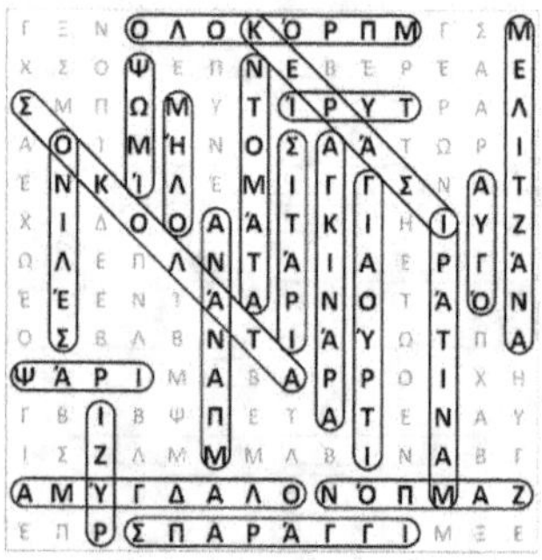

46 - Energie

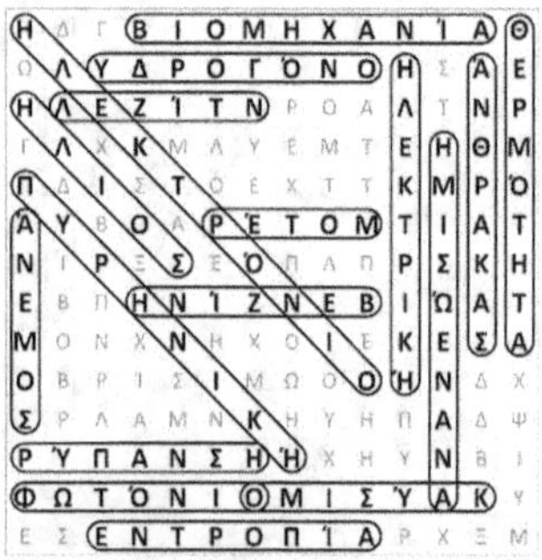

47 - Familie

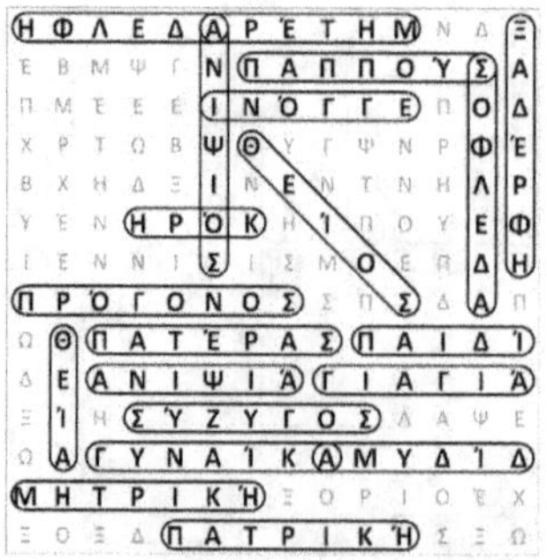

48 - Pflanzen

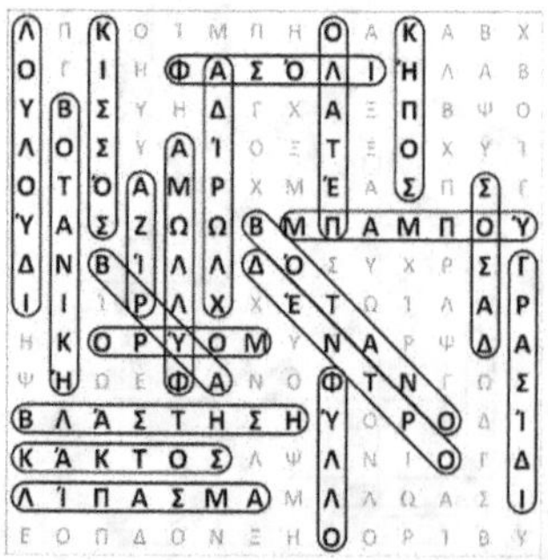

49 - Kunst

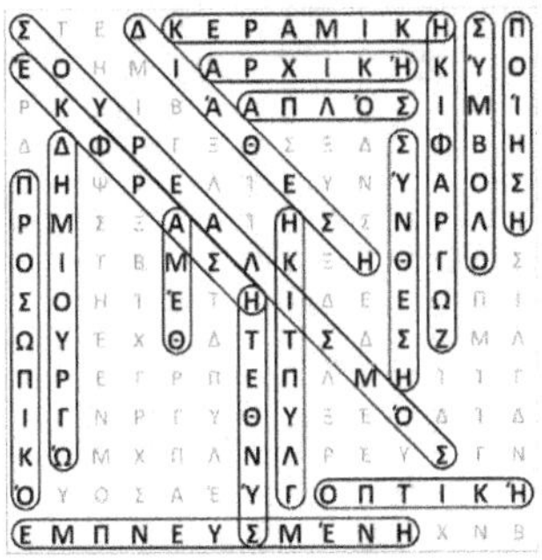

50 - Gewürze

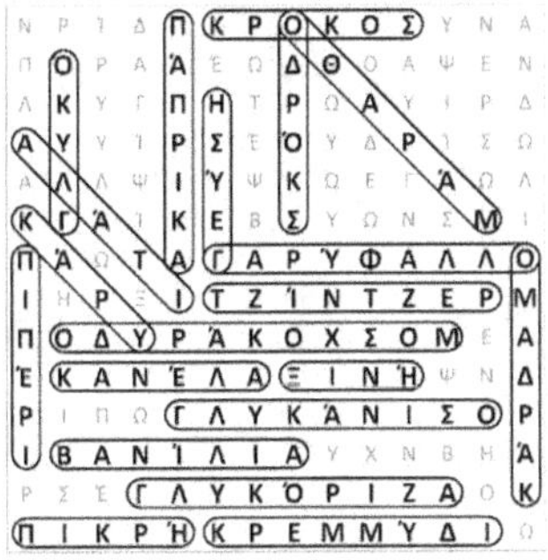

51 - Kreativität

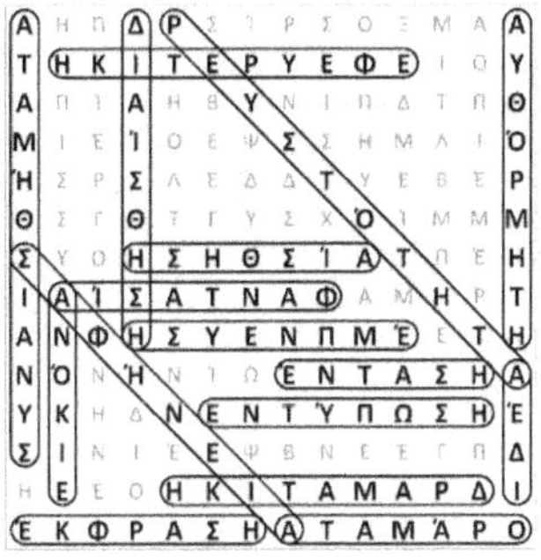

52 - Geschäft

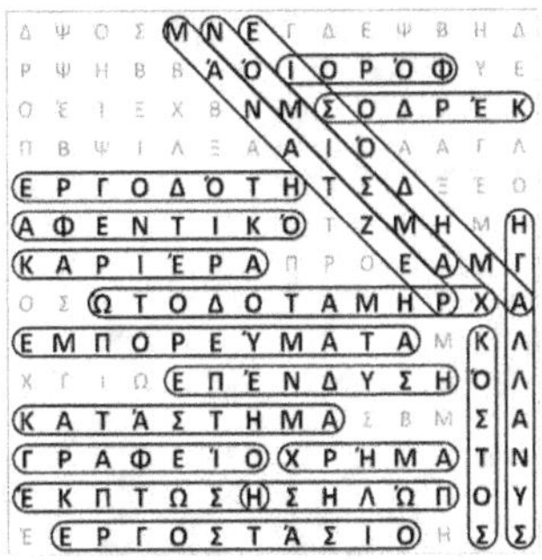

53 - Ingenieurwesen

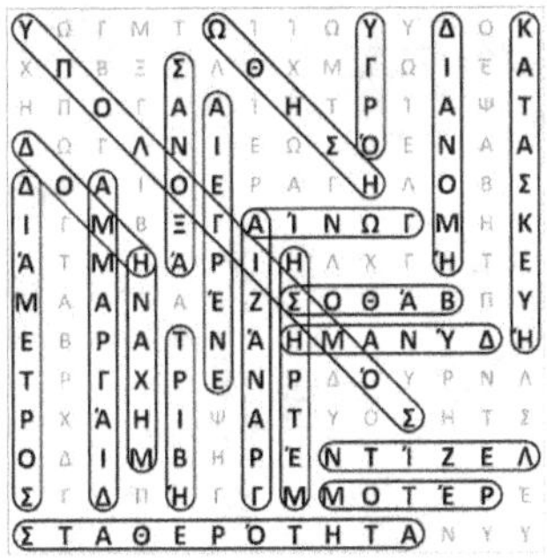

54 - Kaffee

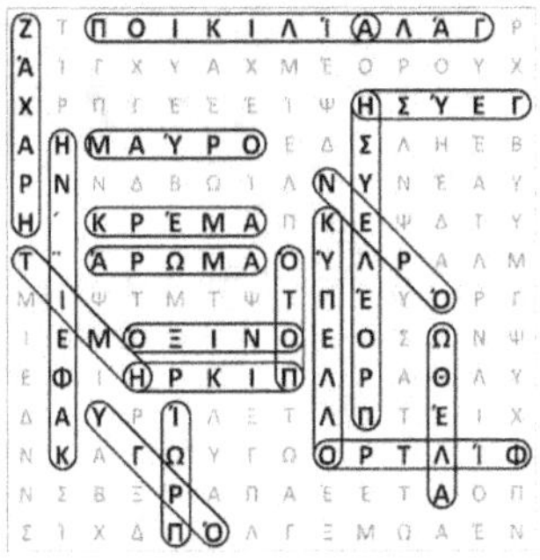

55 - Gemüse

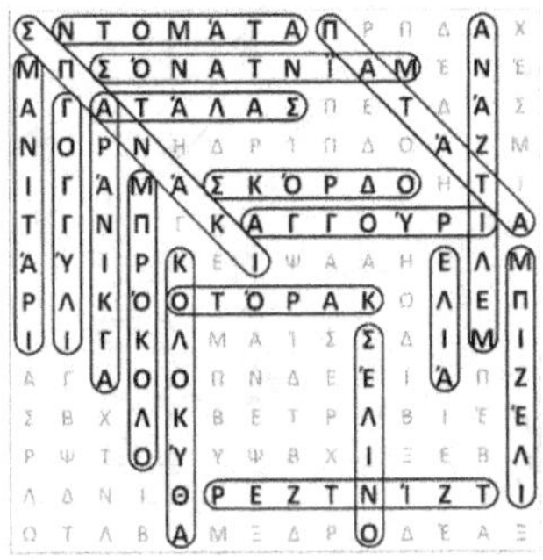

56 - Schönheit

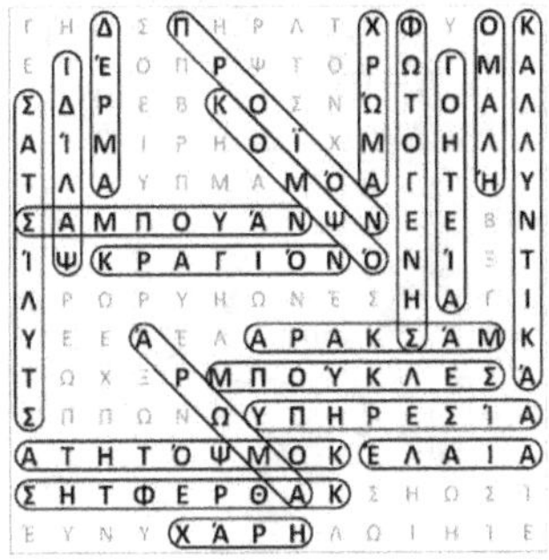

57 - Tanzen

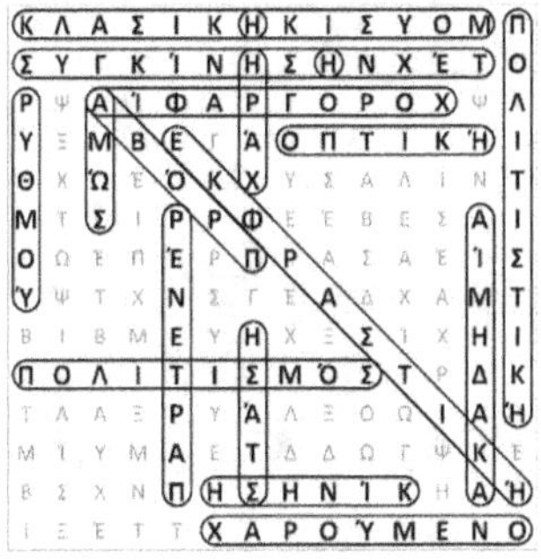

58 - Ernährung

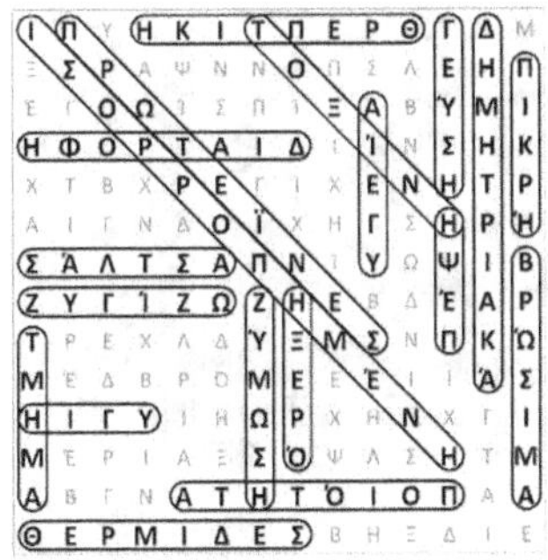

59 - Länder #1

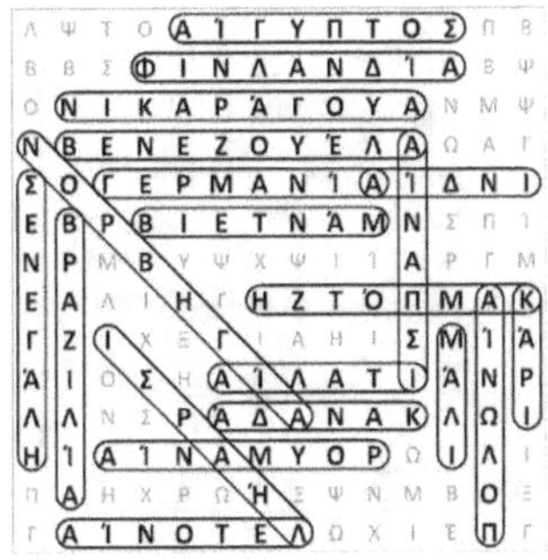

60 - Wasser

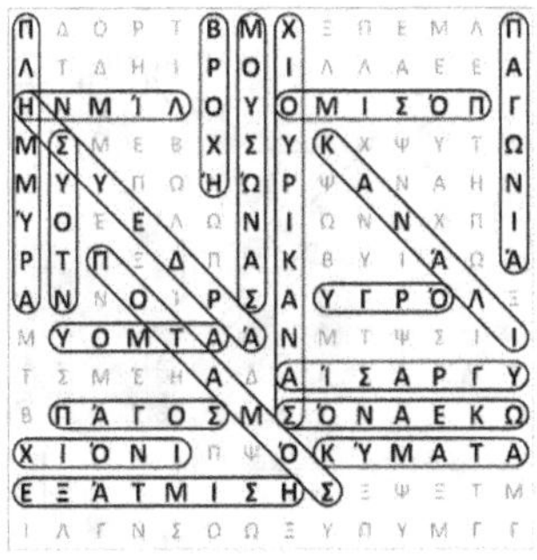

61 - Science Fiction

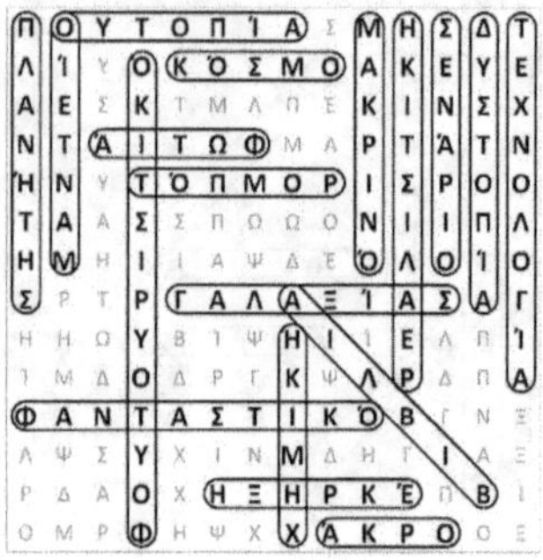

62 - Haustiere

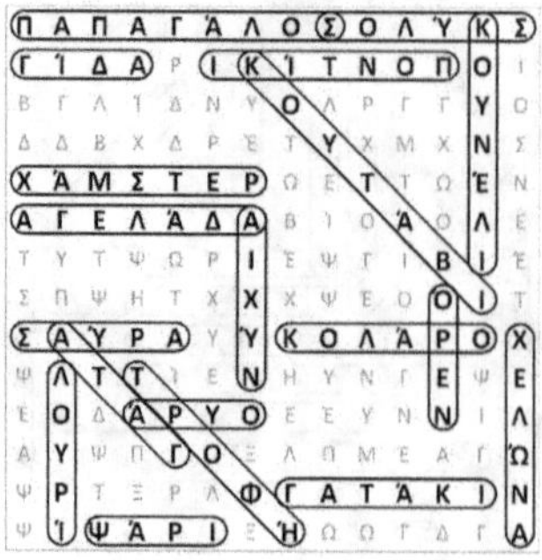

63 - Literatur

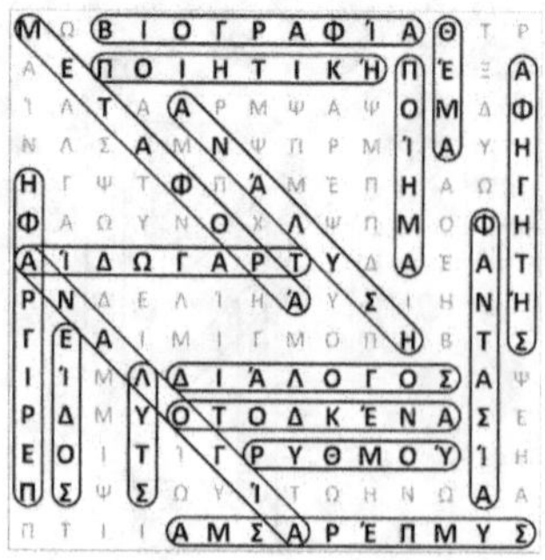

64 - Wandern

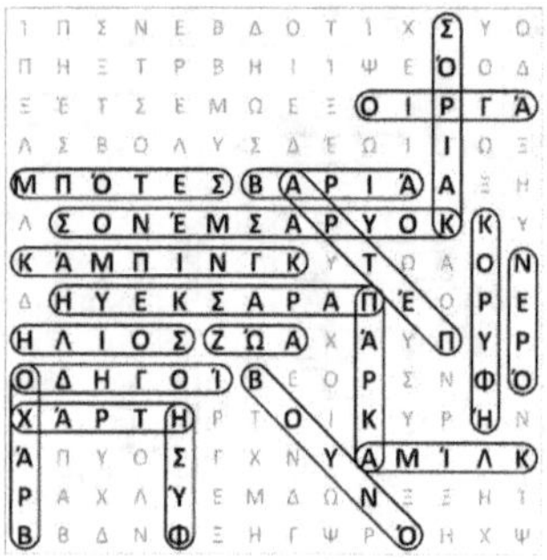

65 - Länder #2

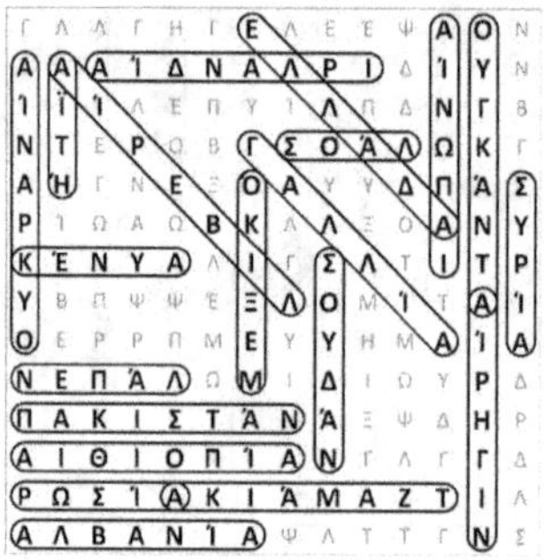

66 - Fahrzeuge

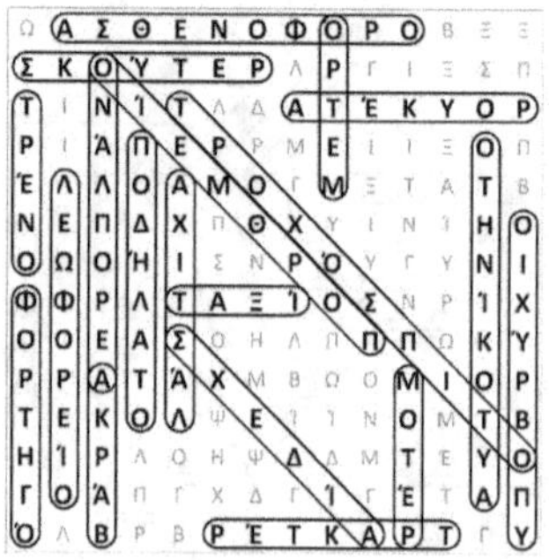

67 - Musikinstrumente

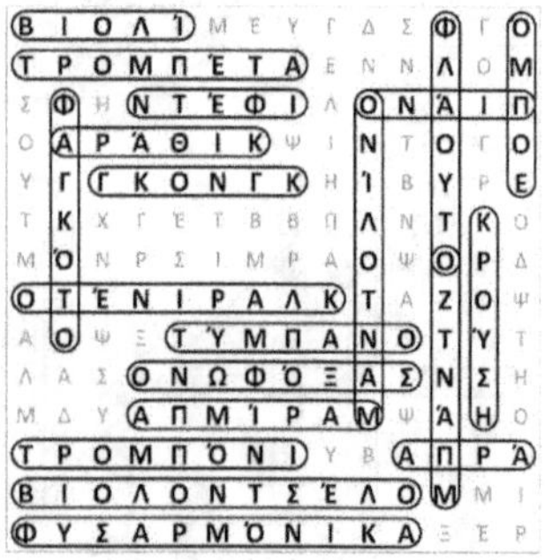

68 - Blumen

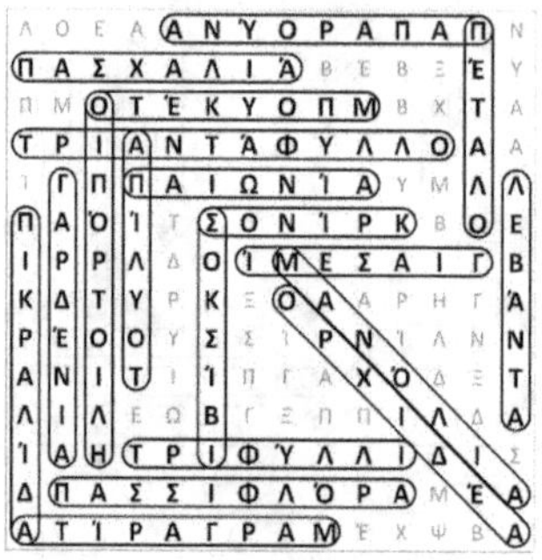

69 - Natur

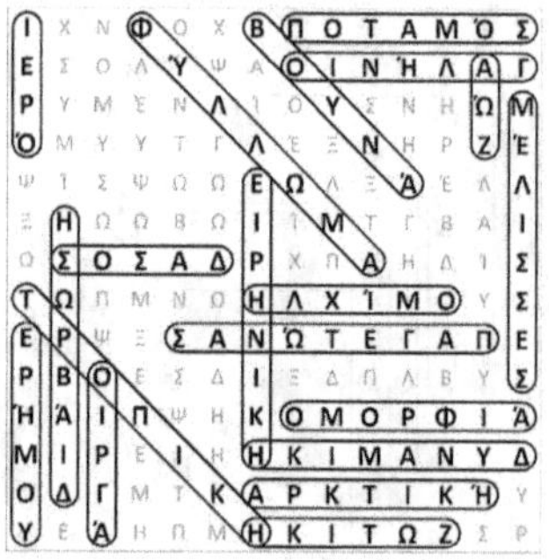

70 - Urlaub #2

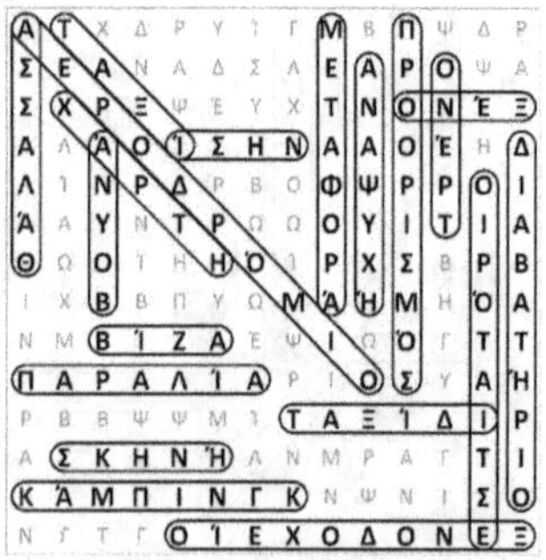

71 - Zirkus

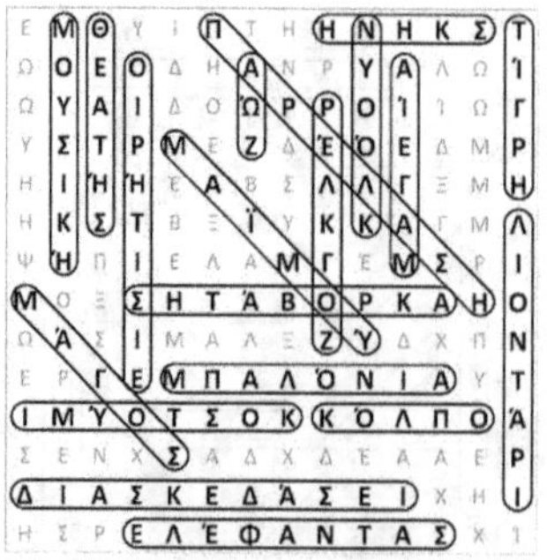

72 - Barbecues

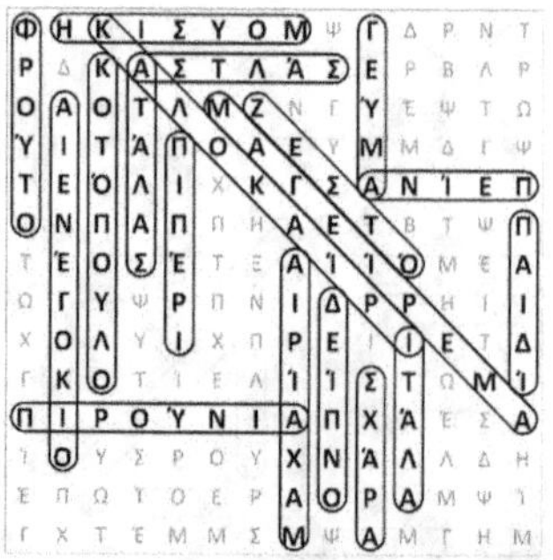

73 - Küche

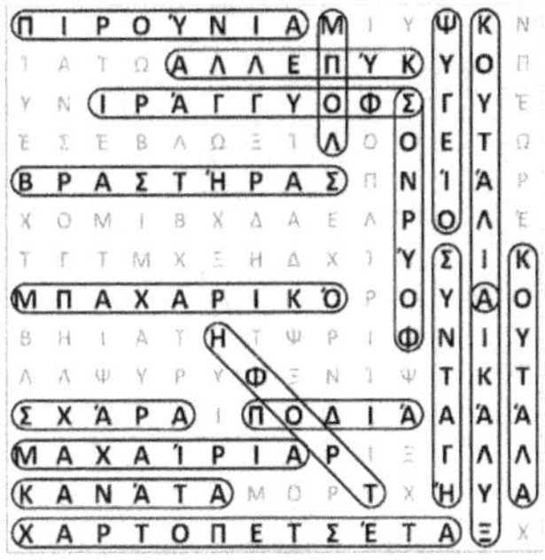

74 - Geographie

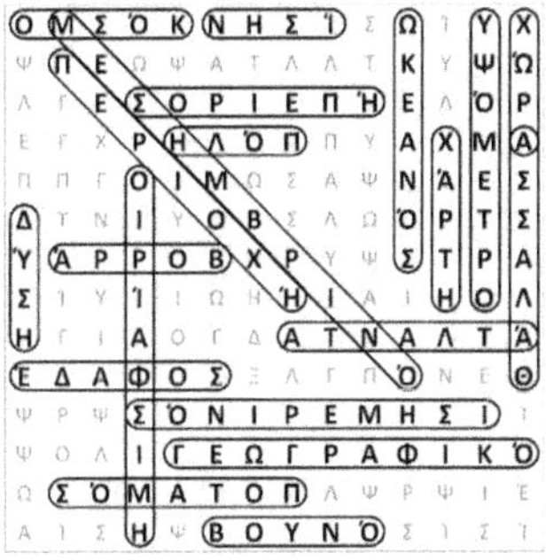

75 - Zahlen

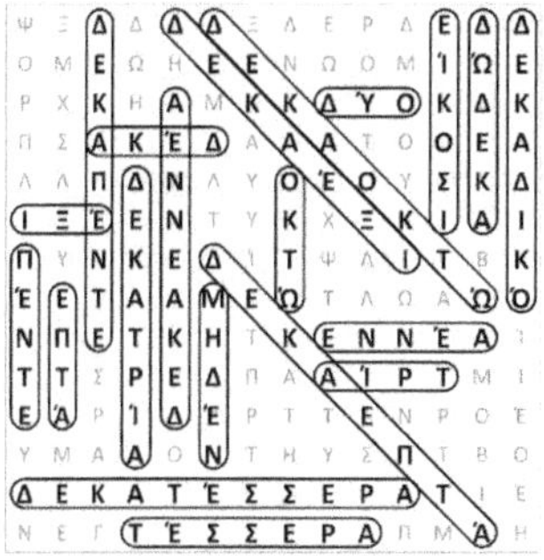

76 - Tage und Monate

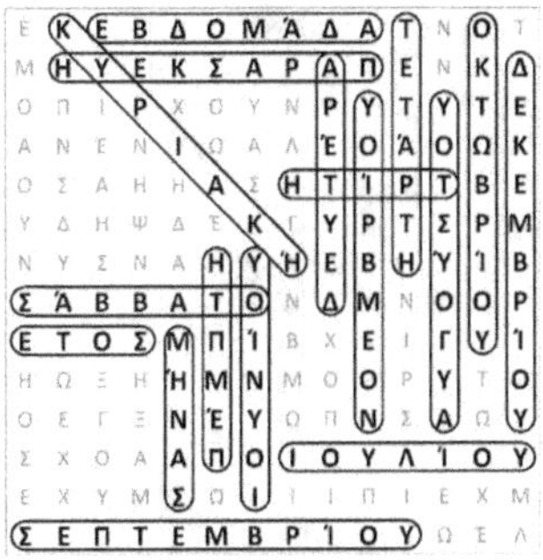

77 - Das Unternehmen

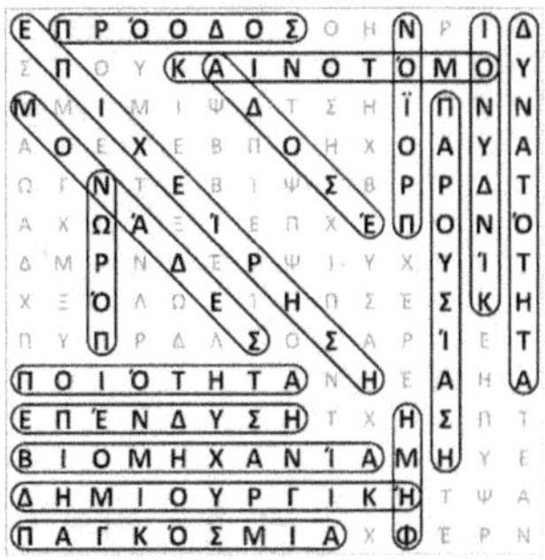

78 - Kräuterkunde

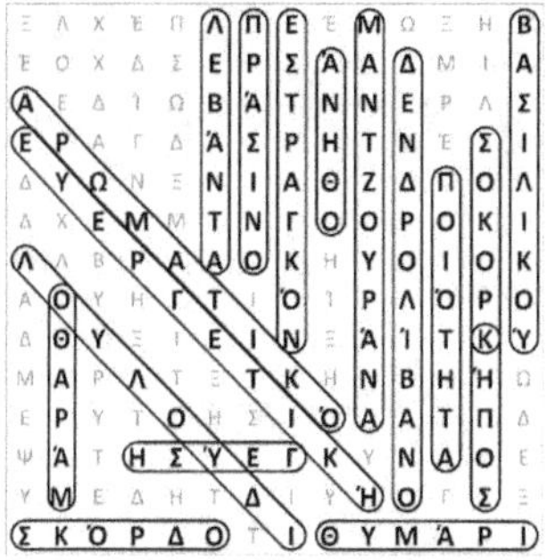

79 - Aktivitäten und Freizeit

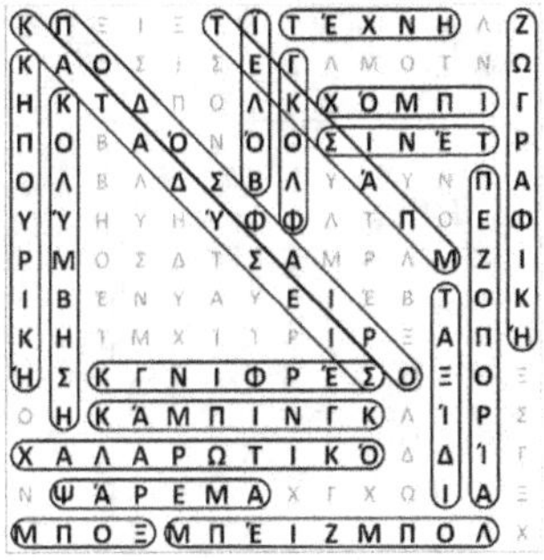

80 - Formen

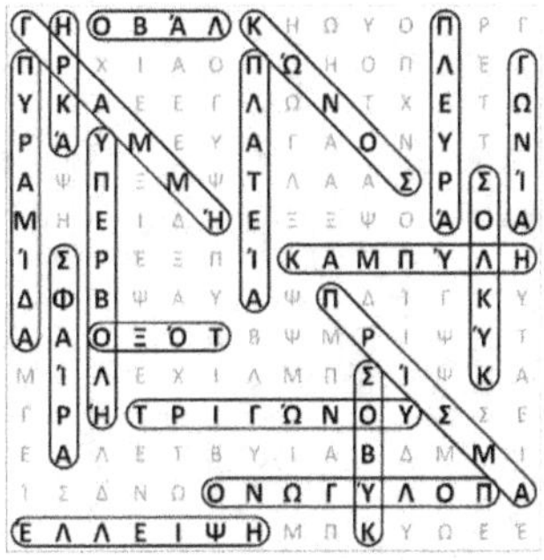

81 - Musik

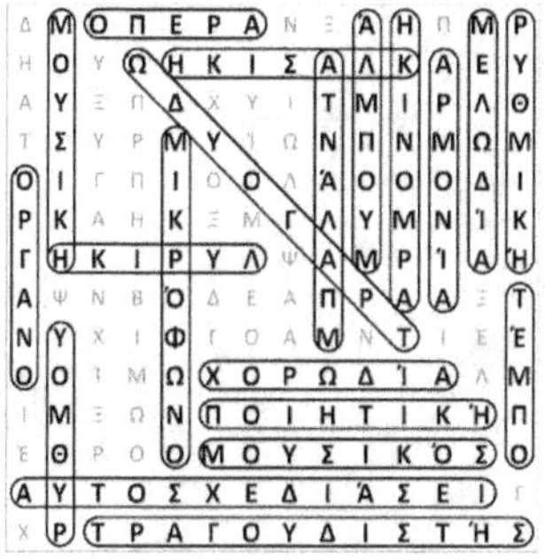

82 - Antiquitäten

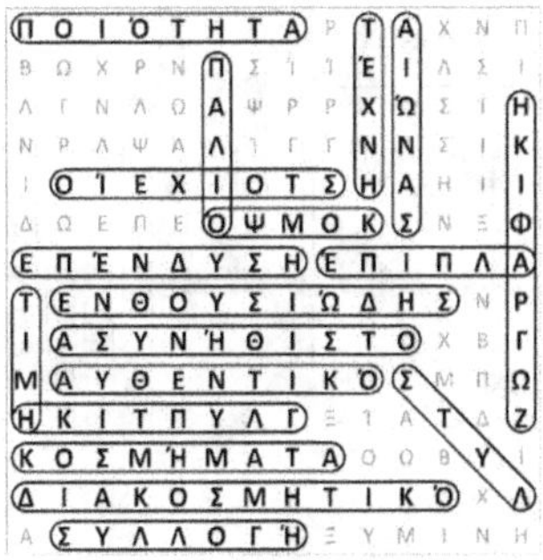

83 - Adjektive #2

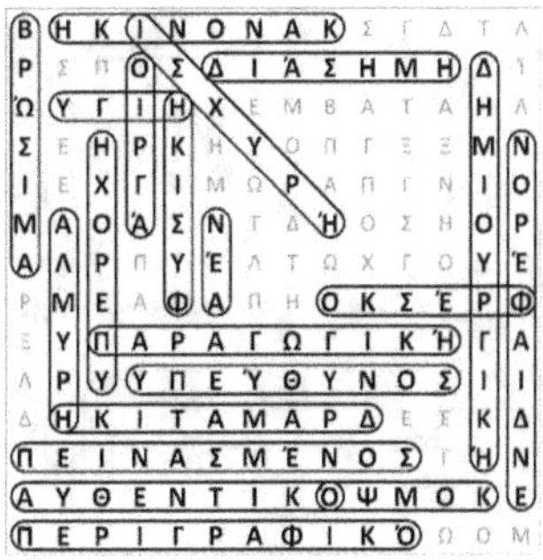

84 - Kleidung

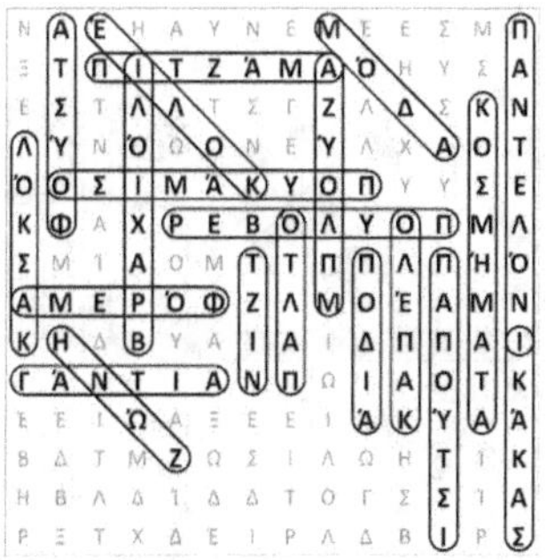

85 - Farben

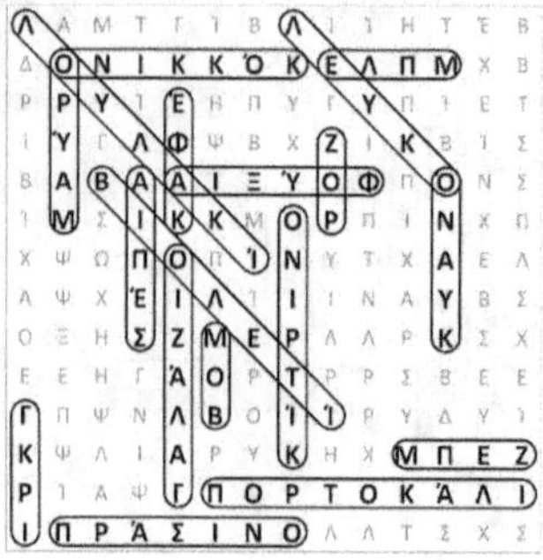

86 - Haus

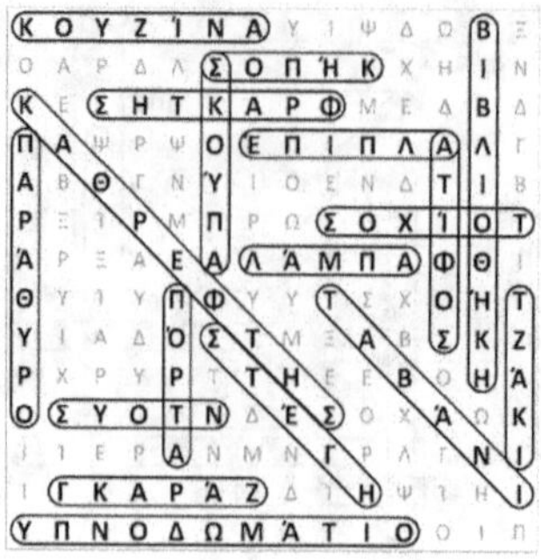

87 - Bauernhof #1

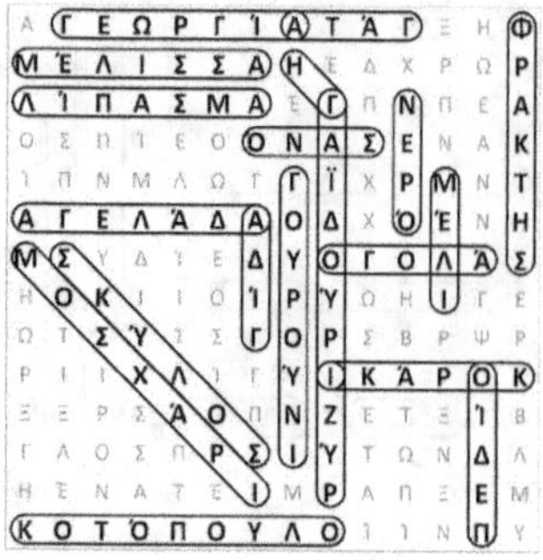

88 - Regierung

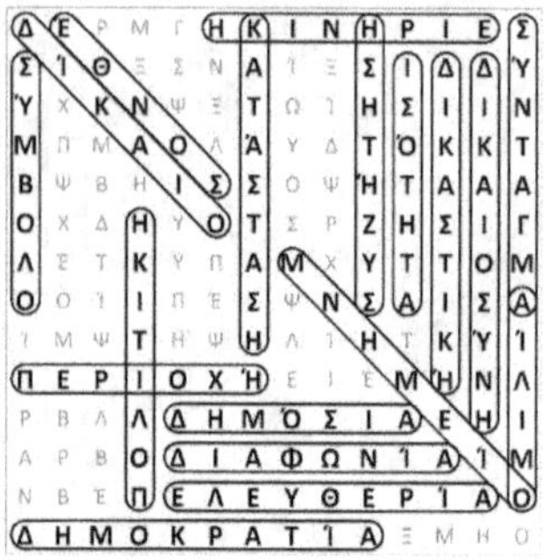

89 - Berufe #1

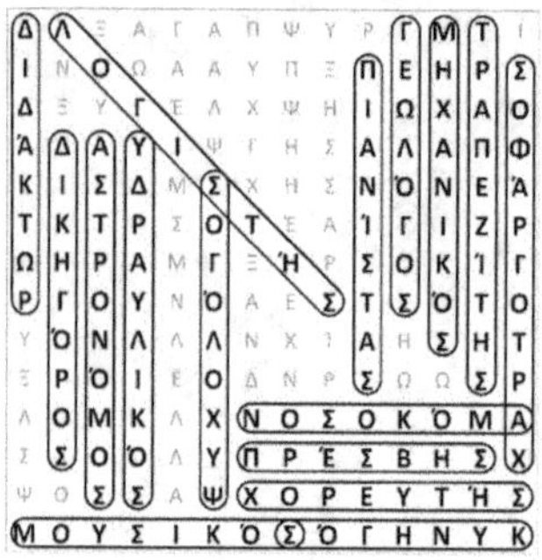

90 - Adjektive #1

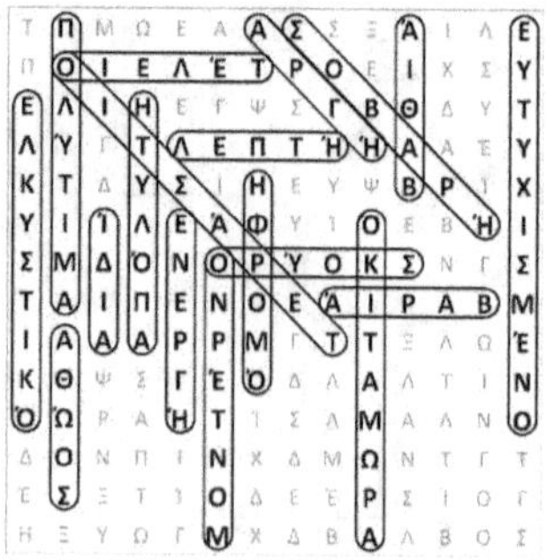

91 - Geometrie

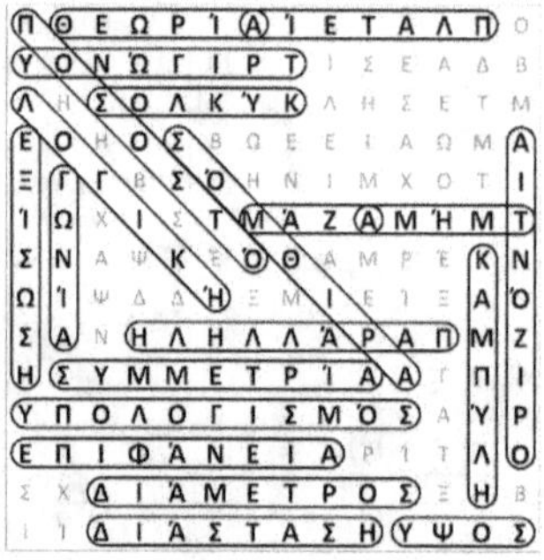

92 - Jazz

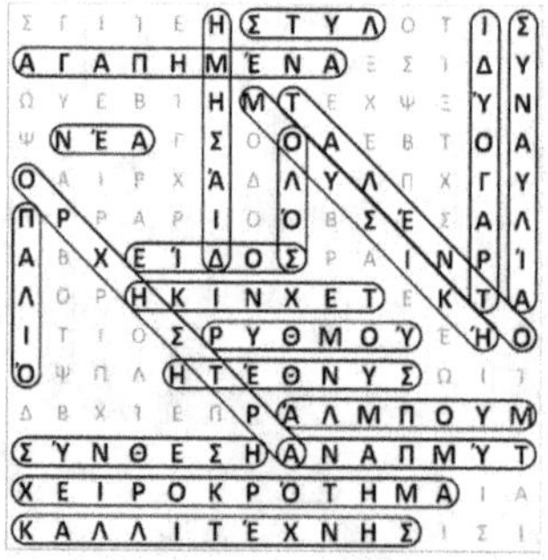

93 - Mathematik

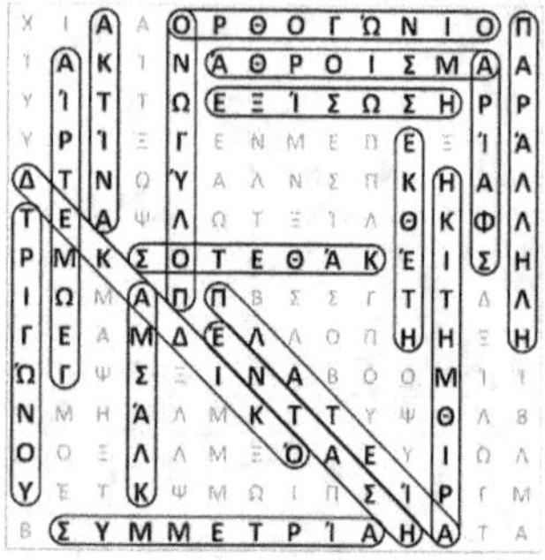

94 - Messungen

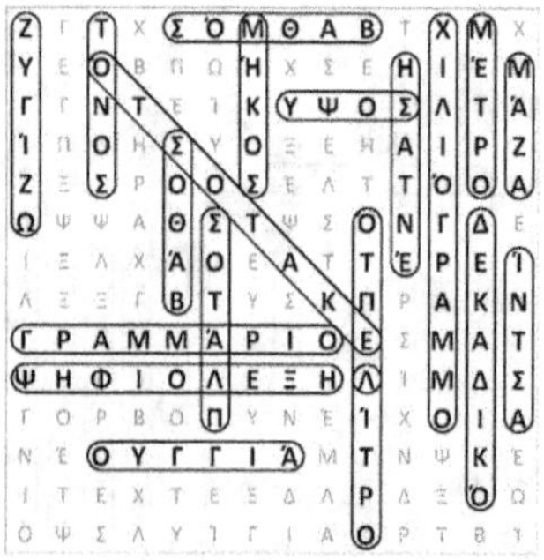

95 - Boxen

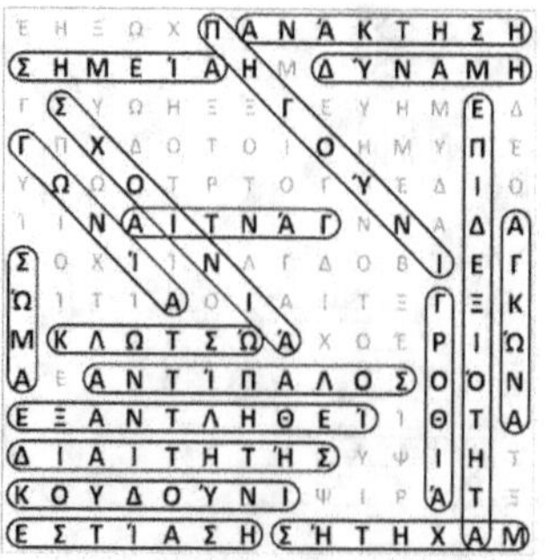

96 - Bauernhof #2

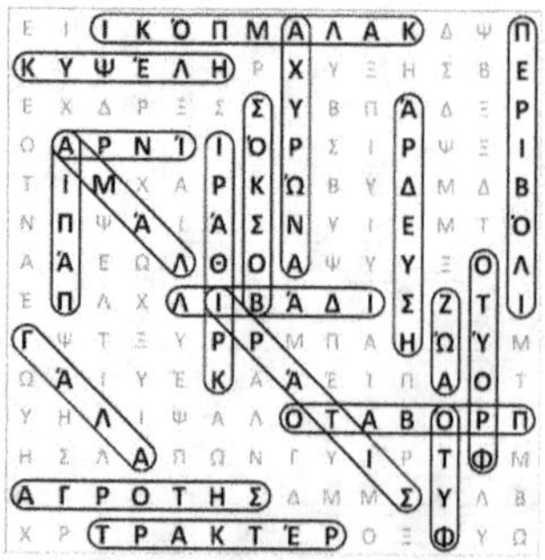

97 - Gartenarbeit

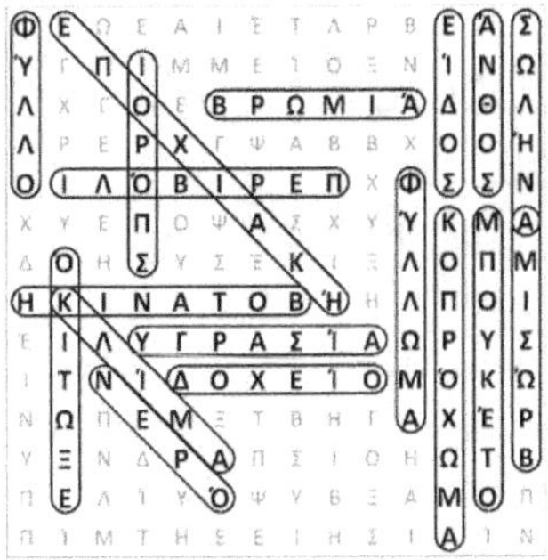

98 - Berufe #2

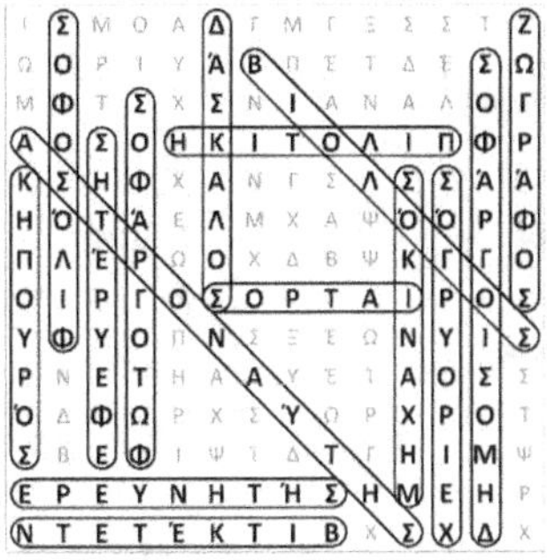

99 - Wetter

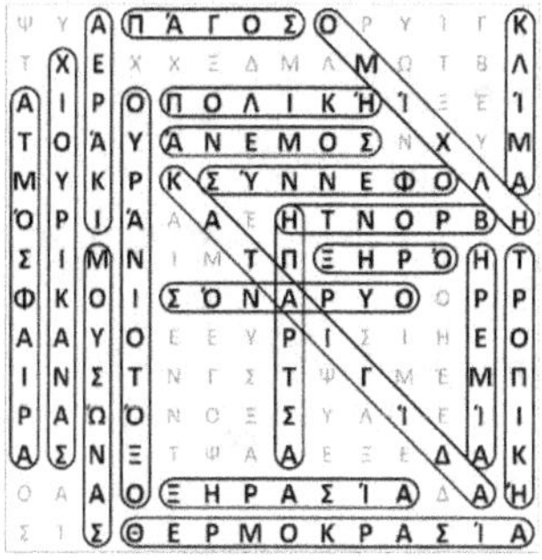

100 - Chemie

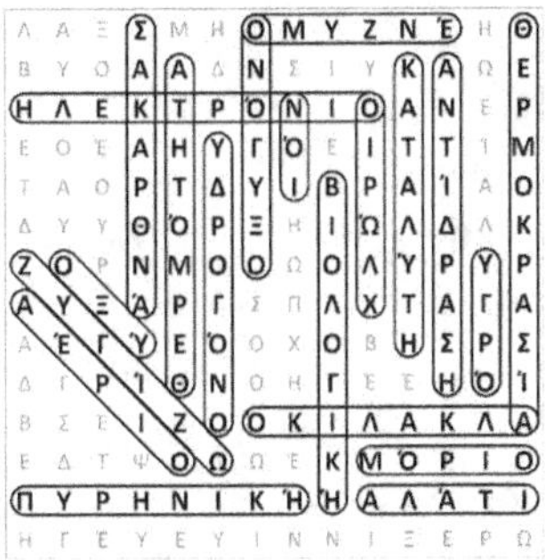

Wörterbuch

Abenteuer
Περιπέτεια

Aktivität	Δραστηριότητα
Ausflug	Εκδρομή
Begeisterung	Ενθουσιασμόσ
Chance	Ευκαιρία
Freude	Χαρά
Freunde	Φίλοι
Gefährlich	Επικίνδυνο
Natur	Φύση
Navigation	Πλοήγηση
Neu	Νέα
Reisen	Ταξίδι
Route	Δρομολόγιο
Schönheit	Ομορφιά
Schwierigkeit	Δυσκολία
Sicherheit	Ασφάλεια
Tapferkeit	Γενναιότητα
Ungewöhnlich	Ασυνήθιστο
Vorbereitung	Παρασκευή
Ziel	Προορισμόσ

Adjektive #1
Επίθετα #1

Absolut	Απόλυτη
Aktiv	Ενεργή
Aromatisch	Αρωματικό
Attraktiv	Ελκυστικό
Dunkel	Σκούρο
Dünn	Λεπτή
Ernst	Σοβαρή
Glücklich	Ευτυχισμένο
Identisch	Ίδια
Künstlerisch	Καλλιτεχνική
Langsam	Αργή
Modern	Μοντέρνο
Perfekt	Τέλειο
Riesig	Τεράστιο
Schön	Όμορφη
Schwer	Βαριά
Tief	Βαθιά
Unschuldig	Αθώοσ
Wertvoll	Πολύτιμα
Wichtig	Σημαντικό

Adjektive #2
Επίθετα #2

Authentisch	Αυθεντικό
Berühmt	Διάσημη
Beschreibend	Περιγραφικό
Dramatisch	Δραματική
Elegant	Κομψό
Essbar	Βρώσιμα
Frisch	Φρέσκο
Gesund	Υγιή
Hungrig	Πεινασμένοσ
Interessant	Ενδιαφέρον
Kreativ	Δημιουργική
Natürlich	Φυσική
Neu	Νέα
Normal	Κανονική
Produktiv	Παραγωγική
Salzig	Αλμυρή
Stark	Ισχυρή
Stolz	Υπεροχη
Verantwortlich	Υπεύθυνοσ
Wild	Άγριο

Aktivitäten
Δραστηριότητες

Aktivität	Δραστηριότητα
Angeln	Ψάρεμα
Camping	Κάμπινγκ
Entspannung	Χαλάρωση
Fähigkeit	Επιδεξιότητα
Fotografie	Φωτογραφία
Freizeit	Αναψυχή
Gartenarbeit	Κηπουρική
Gemälde	Ζωγραφική
Jagd	Κυνήγι
Keramik	Κεραμική
Kunst	Τέχνη
Kunsthandwerk	Βιοτεχνία
Lesen	Ανάγνωση
Magie	Μαγεία
Nähen	Ράψιμο
Spiele	Παιχνίδια
Stricken	Πλέξιμο
Vergnügen	Ευχαρίστηση
Wandern	Πεζοπορία

Aktivitäten und Freizeit
Δραστηριότητες και Αναψυχή

Angeln	Ψάρεμα
Baseball	Μπέιζμπολ
Basketball	Μπάσκετ
Boxen	Μποξ
Camping	Κάμπινγκ
Entspannend	Χαλαρωτικό
Fussball	Ποδόσφαιρο
Gartenarbeit	Κηπουρική
Gemälde	Ζωγραφική
Golf	Γκολφ
Hobbies	Χόμπι
Kunst	Τέχνη
Reise	Ταξίδι
Schwimmen	Κολύμβηση
Surfen	Σέρφινγκ
Tauchen	Καταδύσεισ
Tennis	Τένισ
Volleyball	Βόλεϊ
Wandern	Πεζοπορία

Algebra
Άλγεβρα

Bruchteil	Κλάσμα
Diagramm	Διάγραμμα
Exponent	Εκθέτη
Faktor	Παράγονταc
Formel	Τύποσ
Gleichung	Εξίσωση
Graph	Γράφημα
Linear	Γραμμική
Lösen	Λύνω
Lösung	Λύση
Matrix	Μήτρα
Menge	Ποσότητα
Null	Μηδέν
Nummer	Αριθμόσ
Problem	Πρόβλημα
Subtraktion	Αφαίρεση
Summe	Άθροισμα
Unendlich	Άπειρο
Variable	Μεταβλητή
Vereinfachen	Απλοποιώ

Angeln
Ψάρεμα

Ausrüstung	Εξοπλισμόσ
Boot	Βάρκα
Draht	Σύρμα
Flossen	Πτερύγια
Fluss	Ποταμόσ
Geduld	Υπομονή
Gewicht	Ζυγίζω
Haken	Άγκιστρο
Jahreszeit	Εποχή
Kiefer	Σαγόνι
Kiemen	Βράγχια
Korb	Καλάθι
Köder	Δόλωμα
Ozean	Ωκεανόσ
See	Λίμνη
Strand	Παραλία
Übertreibung	Υπερβολή
Wasser	Νερό

Antarktis
Ανταρκτική

Bucht	Κόλπο
Eis	Πάγοσ
Erhaltung	Διατήρηση
Expedition	Εκδρομή
Felsig	Βραχώδησ
Forscher	Ερευνητήσ
Geographie	Γεωγραφία
Halbinsel	Χερσόνησο
Inseln	Νησιά
Kontinent	Ήπειροσ
Migration	Μετανάστευση
Mineralien	Ορυκτά
Temperatur	Θερμοκρασία
Topographie	Τοπογραφία
Umwelt	Περιβάλλον
Vögel	Πουλιά
Wasser	Νερό
Wetter	Καιρόσ
Wind	Άνεμοι
Wissenschaftlich	Επιστημονική

Antiquitäten
Αντίκες

Alt	Παλιό
Artikel	Στοιχείο
Authentisch	Αυθεντικό
Dekorativ	Διακοσμητικό
Elegant	Κομψό
Enthusiast	Ενθουσιώδησ
Galerie	Συλλογή
Gemälde	Ζωγραφική
Investition	Επένδυση
Jahrhundert	Αιώνασ
Kunst	Τέχνη
Möbel	Έπιπλα
Münzen	Κέρματα
Preis	Τιμή
Qualität	Ποιότητα
Schmuck	Κοσμήματα
Skulptur	Γλυπτική
Stil	Στυλ
Ungewöhnlich	Ασυνήθιστο
Zustand	Κατάσταση

Archäologie
Αρχαιολογία

Analyse	Ανάλυση
Antiquität	Αρχαιότητα
Auswertung	Αξιολόγηση
Ära	Εποχή
Forscher	Ερευνητήσ
Fossil	Απολίθωμα
Geheimnis	Μυστήριο
Grab	Μνήμα
Knochen	Οστά
Mannschaft	Ομάδα
Nachkomme	Απόγονοσ
Objekte	Αντικείμενα
Professor	Καθηγητήσ
Relikt	Λείψανο
Tempel	Ναό
Unbekannt	Άγνωστοσ
Vergessen	Ξεχασμένο
Zivilisation	Πολιτισμόσ

Astronomie
Αστρονομία

Asteroid	Αστεροειδήσ
Astronaut	Αστροναύτησ
Astronom	Αστρονόμοσ
Erde	Γη
Himmel	Ουρανόσ
Komet	Κομήτησ
Konstellation	Αστερισμό
Meteor	Μετέωρο
Mond	Φεγγάρι
Nebel	Νεφέλωμα
Observatorium	Παρατηρητήριο
Planet	Πλανήτησ
Rakete	Ρουκέτα
Satellit	Δορυφορική
Sonne	Ήλιοσ
Stern	Αστέρι
Supernova	Σουπερνόβα
Teleskop	Τηλεσκόπιο
Tierkreis	Ζώδιο
Universum	Σύμπαν

Ballett
Μπαλέτο

Applaus	Χειροκρότημα
Ausdrucksvoll	Εκφραστική
Ballerina	Μπαλαρίνα
Choreographie	Χορογραφία
Fähigkeit	Επιδεξιότητα
Geste	Χειρονομία
Intensität	Ένταση
Komponist	Συνθέτη
Künstlerisch	Καλλιτεχνική
Musik	Μουσική
Orchester	Ορχήστρα
Praxis	Άσκηση
Probe	Πρόβα
Publikum	Ακροατήριο
Rhythmus	Ρυθμού
Solo	Σόλο
Stil	Στυλ
Tänzer	Χορευτεσ
Technik	Τεχνική

Barbecues
Μπάρμπεκιου

Abendessen	Δείπνο
Familie	Οικογένεια
Frucht	Φρούτο
Gabeln	Πιρούνια
Gemüse	Λαχανικά
Grill	Σχάρα
Heiss	Ζεστό
Huhn	Κοτόπουλο
Hunger	Πείνα
Kinder	Παιδί
Kochen	Μαγείρεμα
Messer	Μαχαίρια
Mittagessen	Γεύμα
Musik	Μουσική
Pfeffer	Πιπέρι
Salate	Σαλάτα
Salz	Αλάτι
Sommer	Καλοκαίρι
Sosse	Σάλτσα
Spiele	Παιχνίδια

Bauernhof #1
Αγρόκτημα #1

Biene	Μέλισσα
Dünger	Λίπασμα
Esel	Γαϊδούρι
Feld	Πεδίο
Heu	Σανό
Honig	Μέλι
Huhn	Κοτόπουλο
Hund	Σκύλοσ
Kalb	Μοσχάρι
Katze	Γάτα
Krähe	Κοράκι
Kuh	Αγελάδα
Land	Γη
Landwirtschaft	Γεωργία
Pferd	Άλογο
Reis	Ρύζι
Schwein	Γουρούνι
Wasser	Νερό
Zaun	Φρακτησ
Ziege	Γίδα

Bauernhof #2
Αγρόκτημα #2

Bauer	Αγροτησ
Bewässerung	Άρδευση
Bienenstock	Κυψέλη
Ente	Πάπια
Frucht	Φρούτο
Gemüse	Φυτό
Gerste	Κριθάρι
Lama	Λάμα
Lamm	Αρνί
Mais	Καλαμπόκι
Milch	Γάλα
Obstgarten	Περιβόλι
Schaf	Πρόβατο
Schäfer	Βοσκόσ
Scheune	Αχυρώνα
Tiere	Ζώα
Traktor	Τρακτέρ
Weizen	Σιτάρι
Wiese	Λιβάδι
Windmühle	Ανεμόμυλο

Berufe #1
Επαγγέλματα #1

Arzt	Διδάκτωρ
Astronom	Αστρονόμοσ
Bankier	Τραπεζίτησ
Botschafter	Πρέσβησ
Buchhalter	Λογιστήσ
Geologe	Γεωλόγοσ
Jäger	Κυνηγόσ
Kartograph	Χαρτογράφοσ
Klempner	Υδραυλικόσ
Krankenschwester	Νοσοκόμα
Künstler	Καλλιτέχνησ
Mechaniker	Μηχανικόσ
Musiker	Μουσικόσ
Pianist	Πιανίστασ
Psychologe	Ψυχολόγοσ
Rechtsanwalt	Δικηγόροσ
Schneider	Προσαρμοσμένα
Tänzer	Χορευτήσ
Tierarzt	Κτηνίατροσ
Trainer	Προπονητήσ

Berufe #2
Επαγγέλματα #2

Arzt	Ιατροσ
Astronaut	Αστροναύτησ
Biologe	Βιολόγοσ
Chirurg	Χειρουργόσ
Detektiv	Ντετέκτιβ
Erfinder	Εφευρέτησ
Forscher	Ερευνητήσ
Fotograf	Φωτογράφοσ
Gärtner	Κηπουρόσ
Illustrator	Εικονογράφοσ
Ingenieur	Μηχανικόσ
Journalist	Δημοσιογράφοσ
Lehrer	Δάσκαλοσ
Linguist	Γλωσσολόγοσ
Maler	Ζωγράφοσ
Philosoph	Φιλόσοφοσ
Pilot	Πιλοτική
Politiker	Πολιτικόσ
Zahnarzt	Οδοντίατροσ
Zoologe	Ζωολόγοσ

Bienen
Μέλισσες

Bestäuber	Επικονιαστήσ
Bienenkorb	Κυψέλη
Blumen	Λουλούδια
Blüte	Άνθοσ
Essen	Τροφή
Flügel	Φτερά
Frucht	Φρούτο
Garten	Κήποσ
Honig	Μέλι
Insekt	Έντομο
Königin	Βασίλισσα
Ökosystem	Οικοσύστημα
Pflanzen	Φυτά
Pollen	Γύρη
Rauch	Καπνίζουν
Schwarm	Σμήνοσ
Sonne	Ήλιοσ
Vielfalt	Ποικιλία
Vorteilhaft	Ευεργετική
Wachs	Κερί

Bildende Kunst
Εικαστικές Τέχνες

Architektur	Αρχιτεκτονική
Bleistift	Μολύβι
Film	Ταινία
Foto	Φωτογραφία
Gemälde	Ζωγραφική
Holzkohle	Κάρβουνο
Keramik	Κεραμική
Kreide	Κιμωλία
Künstler	Καλλιτέχνησ
Lack	Βερνίκι
Meisterwerk	Αριστούργημα
Perspektive	Προοπτική
Porträt	Πορτρέτο
Schablone	Πολυγράφο
Skulptur	Γλυπτική
Staffelei	Καβαλέτο
Stift	Στυλό
Wachs	Κερί
Zusammensetzung	Σύνθεση

Blumen
Λουλούδια

Blütenblatt	Πέταλο
Gardenie	Γαρδένια
Gänseblümchen	Μαργαρίτα
Hibiskus	Ιβίσκοσ
Jasmin	Γιασεμί
Klee	Τριφύλλι
Lavendel	Λεβάντα
Lila	Πασχαλιά
Lilie	Κρίνοσ
Löwenzahn	Πικραλίδα
Magnolie	Μανόλια
Mohn	Παπαρούνα
Orchidee	Ορχιδέα
Passionsblume	Πασσιφλόρα
Pfingstrose	Παιωνία
Rose	Τριαντάφυλλο
Sonnenblume	Ηλιοτρόπιο
Strauss	Μπουκέτο
Tulpe	Τουλίπα

Boote
Σκάφη

Anker	Άγκυρα
Boje	Σημαδούρα
Crew	Πλήρωμα
Dock	Αποβάθρα
Fähre	Πορθμείο
Floss	Σχεδία
Fluss	Ποταμόσ
Kajak	Καγιάκ
Kanu	Κανό
Mast	Κατάρτι
Meer	Θάλασσα
Motor	Μηχανή
Nautisch	Ναυτικό
Ozean	Ωκεανόσ
Rettungsboot	Σωσίβια
See	Λίμνη
Segelboot	Ιστιοφόρο
Seil	Σχοινί
Wellen	Κύματα
Yacht	Γιοτ

Boxen
Πυγμαχία

Ecke	Γωνία
Ellbogen	Αγκώνα
Erschöpft	Εξαντληθεί
Faust	Γροθιά
Fähigkeit	Επιδεξιότητα
Fokus	Εστίαση
Gegner	Αντίπαλοσ
Glocke	Κουδούνι
Handschuhe	Γάντια
Kämpfer	Μαχητήσ
Kick	Κλωτσώ
Kinn	Πηγούνι
Körper	Σώμα
Punkte	Σημεία
Recovery	Ανάκτηση
Schiedsrichter	Διαιτητήσ
Seile	Σχοινιά
Stärke	Δύναμη

Bücher
Βιβλία

Abenteuer	Περιπέτεια
Autor	Συγγραφέασ
Dualität	Δυαδικότητα
Episch	Επική
Erfinderisch	Εφευρετική
Erzähler	Αφηγητήσ
Gedicht	Ποίημα
Geschichte	Ιστορία
Geschrieben	Γραπτή
Historisch	Ιστορικό
Humorvoll	Χιουμοριστικό
Kollektion	Συλλογή
Kontext	Πλαίσιο
Leser	Αναγνώστησ
Literarisch	Λογοτεχνική
Poesie	Ποίηση
Roman	Μυθιστόρημα
Seite	Σελίδα
Serie	Σειρά
Tragisch	Τραγική

Camping
Κατασκήνωση

Abenteuer	Περιπέτεια
Berg	Βουνό
Feuer	Φωτιά
Hängematte	Αιώρα
Hut	Καπέλο
Insekt	Έντομο
Jagd	Κυνήγι
Kabine	Καμπίνα
Kanu	Κανό
Karte	Χάρτη
Kompass	Πυξίδα
Laterne	Φανάρι
Mond	Φεγγάρι
Natur	Φύση
See	Λίμνη
Seil	Σχοινί
Spass	Διασκέδαση
Tiere	Ζώα
Wald	Δασοσ
Zelt	Σκηνή

Chemie
Χημεία

Alkalisch	Αλκαλικό
Chlor	Χλώριο
Elektron	Ηλεκτρόνιο
Enzym	Ένζυμο
Flüssigkeit	Υγρό
Gas	Αέριο
Gewicht	Ζυγίζω
Hitze	Θερμότητα
Ion	Ιόν
Katalysator	Καταλύτη
Kohlenstoff	Άνθρακασ
Molekül	Μόριο
Nuklear	Πυρηνική
Organisch	Βιολογική
Reaktion	Αντίδραση
Salz	Αλάτι
Sauerstoff	Οξυγόνο
Säure	Οξύ
Temperatur	Θερμοκρασία
Wasserstoff	Υδρογόνο

Das Unternehmen
Η Εταιρεία

Beschäftigung	Απασχόληση
Einheiten	Μονάδεσ
Einnahmen	Έσοδα
Entscheidung	Απόφαση
Fortschritt	Πρόοδοσ
Geschäft	Επιχείρηση
Global	Παγκόσμια
Industrie	Βιομηχανία
Innovativ	Καινοτόμο
Investition	Επένδυση
Kreativ	Δημιουργική
Möglichkeit	Δυνατότητα
Präsentation	Παρουσίαση
Produkt	Προϊόν
Qualität	Ποιότητα
Ressourcen	Πόρων
Risiken	Κίνδυνοι
Ruf	Φήμη

Diplomatie
Διπλωματία

Auflösung	Ανάλυση
Ausländisch	Ξένο
Berater	Σύμβουλοσ
Botschaft	Πρεσβεία
Botschafter	Πρέσβησ
Diplomatisch	Διπλωματικό
Diskussion	Συζήτηση
Ethik	Ηθική
Gemeinschaft	Κοινότητα
Gerechtigkeit	Δικαιοσύνη
Humanitär	Ανθρωπιστική
Integrität	Ακεραιότητα
Konflikt	Σύγκρουση
Lösung	Λύση
Politik	Πολιτική
Regierung	Κυβέρνηση
Sicherheit	Ασφάλεια
Sprachen	Γλώσσα
Vertrag	Συνθήκη
Zusammenarbeit	Συνεργασία

Elektrizität
Ηλεκτρική Ενέργεια

Ausrüstung	Εξοπλισμόσ
Batterie	Μπαταρία
Drähte	Καλώδια
Elektriker	Ηλεκτρολόγοσ
Elektrisch	Ηλεκτρική
Fernsehen	Τηλεόραση
Generator	Γεννήτρια
Kabel	Καλώδιο
Lagerung	Αποθήκευση
Lampe	Λάμπα
Laser	Λέιζερ
Magnet	Μαγνήτησ
Menge	Ποσότητα
Negativ	Αρνητικό
Netzwerk	Δίκτυο
Objekte	Αντικείμενα
Positiv	Θετική
Steckdose	Πρίζα
Telefon	Τηλέφωνο

Energie
Ενέργεια

Batterie	Μπαταρία
Benzin	Βενζίνη
Brennstoff	Καύσιμο
Diesel	Ντίζελ
Elektrisch	Ηλεκτρική
Elektron	Ηλεκτρόνιο
Entropie	Εντροπία
Erneuerbar	Ανανεώσιμη
Hitze	Θερμότητα
Industrie	Βιομηχανία
Kohlenstoff	Άνθρακασ
Motor	Μοτέρ
Nuklear	Πυρηνική
Photon	Φωτόνιο
Sonne	Ήλιοσ
Turbine	Στροβίλων
Umwelt	Περιβάλλον
Verschmutzung	Ρύπανση
Wasserstoff	Υδρογόνο
Wind	Άνεμοσ

Ernährung
Διατροφή

Appetit	Όρεξη
Ausgewogen	Ισορροπημένη
Bitter	Πικρή
Diät	Διατροφή
Essbar	Βρώσιμα
Fermentation	Ζύμωση
Geschmack	Γεύση
Gesund	Υγιή
Gesundheit	Υγεία
Getreide	Δημητριακά
Gewicht	Ζυγίζω
Kalorien	Θερμιδεσ
Nährstoff	Θρεπτική
Portion	Τμήμα
Proteine	Πρωτεϊνεσ
Qualität	Ποιότητα
Sosse	Σάλτσα
Toxin	Τοξίνη
Verdauung	Πέψη
Vitamin	Βιταμίνη

Essen #1
Τρόφιμα #1

Basilikum	Βασιλικού
Birne	Αχλάδι
Erdbeere	Φράουλα
Erdnuss	Φιστίκι
Fleisch	Κρέασ
Kaffee	Καφέ
Karotte	Καρότο
Knoblauch	Σκόρδο
Milch	Γάλα
Rübe	Γογγύλι
Saft	Χυμόσ
Salat	Σαλάτα
Salz	Αλάτι
Spinat	Σπανάκι
Suppe	Σούπα
Thunfisch	Τόνοσ
Zimt	Κανέλα
Zitrone	Λεμόνι
Zucker	Ζάχαρη
Zwiebel	Κρεμμύδι

Essen #2
Τρόφιμα #2

Apfel	Μήλο
Artischocke	Αγκινάρα
Aubergine	Μελιτζάνα
Banane	Μπανάνα
Brokkoli	Μπρόκολο
Brot	Ψωμί
Ei	Αυγό
Fisch	Ψάρι
Joghurt	Γιαούρτι
Käse	Τυρί
Kirsche	Κεράσι
Mandel	Αμύγδαλο
Pilz	Μανιτάρι
Reis	Ρύζι
Schinken	Ζαμπόν
Schokolade	Σοκολάτα
Sellerie	Σέλινο
Spargel	Σπαράγγι
Tomate	Ντομάτα
Weizen	Σιτάρι

Ethik
Ηθική

Altruismus	Αλτρουισμόσ
Diplomatisch	Διπλωματικό
Ehrlichkeit	Ειλικρίνεια
Freundlichkeit	Καλοσύνη
Geduld	Υπομονή
Individualismus	Ατομικισμόσ
Integrität	Ακεραιότητα
Menschheit	Ανθρωπότητα
Mitgefühl	Συμπόνια
Optimismus	Αισιοδοξία
Philosophie	Φιλοσοφία
Rationalität	Λογικότητα
Realismus	Ρεαλισμοσ
Toleranz	Ανεκτικότητα
Vernünftig	Εύλογο
Weisheit	Σοφία
Werte	Αξιεσ
Würde	Αξιοπρέπεια
Zusammenarbeit	Συνεργασία

Fahren
Οδήγηση

Auto	Αυτοκίνητο
Bremsen	Φρένα
Brennstoff	Καύσιμο
Bus	Λεωφορείο
Garage	Γκαράζ
Gas	Αέριο
Gefahr	Κινδύνου
Geschwindigkeit	Ταχύτητα
Karte	Χάρτη
Lizenz	Άδεια
Lkw	Φορτηγό
Motor	Μοτέρ
Motorrad	Μοτοσυκλέτα
Polizei	Αστυνομία
Sicherheit	Ασφάλεια
Transport	Μεταφορά
Tunnel	Σήραγγα
Unfall	Ατύχημα
Verkehr	Κυκλοφορία
Vorsicht	Προσοχή

Fahrzeuge
Οχήματα

Auto	Αυτοκίνητο
Boot	Βάρκα
Bus	Λεωφορείο
Fahrrad	Ποδήλατο
Fähre	Πορθμείο
Floss	Σχεδία
Flugzeug	Αεροπλάνο
Hubschrauber	Ελικόπτερο
Krankenwagen	Ασθενοφόρο
Lkw	Φορτηγό
Motor	Μοτέρ
Rakete	Ρουκέτα
Reifen	Λάστιχα
Roller	Σκούτερ
Taxi	Ταξί
Traktor	Τρακτέρ
U-Bahn	Μετρό
U-Boot	Υποβρύχιο
Wohnwagen	Τροχόσπιτο
Zug	Τρένο

Familie
Οικογένεια

Bruder	Αδελφοσ
Ehefrau	Γυναίκα
Ehemann	Σύζυγοσ
Enkel	Εγγόνι
Grossmutter	Γιαγιά
Grossvater	Παππούσ
Kind	Παιδί
Mutter	Μητέρα
Mütterlich	Μητρική
Neffe	Ανιψιόσ
Nichte	Ανιψιά
Onkel	Θείοσ
Schwester	Αδελφή
Tante	Θεία
Tochter	Κόρη
Vater	Πατέρασ
Väterlich	Πατρική
Vetter	Ξαδέρφη
Vorfahr	Πρόγονοσ
Zwillinge	Δίδυμα

Farben
Χρώματα

Azurblau	Γαλάζιο
Beige	Μπεζ
Blau	Μπλε
Braun	Καφέ
Fuchsie	Φούξια
Gelb	Κίτρινο
Grau	Γκρι
Grün	Πράσινο
Indigo	Λουλακί
Lila	Μοβ
Orange	Πορτοκάλι
Rosa	Ροζ
Rot	Κόκκινο
Schwarz	Μαύρο
Sepia	Σέπια
Violett	Βιολετί
Weiss	Λευκό
Zyan	Κυανό

Flugzeuge
Αεροπλάνα

Abenteuer	Περιπέτεια
Abstieg	Καταγωγή
Atmosphäre	Ατμόσφαιρα
Aufblasen	Φουσκώνουν
Ballon	Μπαλόνι
Brennstoff	Καύσιμο
Crew	Πλήρωμα
Design	Σχέδιο
Geschichte	Ιστορία
Himmel	Ουρανόσ
Höhe	Υψοσ
Konstruktion	Κατασκευή
Luft	Αέρασ
Motor	Μηχανή
Passagier	Επιβάτη
Pilot	Πιλοτική
Propeller	Έλικα
Turbulenz	Αναταραχή
Wasserstoff	Υδρογόνο
Wetter	Καιρόσ

Formen
Σχήματα

Bogen	Τόξο
Dreieck	Τριγώνου
Ecke	Γωνία
Ellipse	Έλλειψη
Hyperbel	Υπερβολή
Kanten	Άκρη
Kegel	Κώνοσ
Kreis	Κύκλοσ
Kugel	Σφαίρα
Kurve	Καμπύλη
Linie	Γραμμή
Oval	Οβάλ
Polygon	Πολύγωνο
Prisma	Πρίσμα
Pyramide	Πυραμίδα
Quadrat	Πλατεία
Rechteck	Ορθογώνιο
Seite	Πλευρά
Würfel	Κύβοσ
Zylinder	Κύλινδροσ

Gartenarbeit
Κηπουρική

Art	Είδοσ
Blatt	Φύλλο
Blüte	Άνθοσ
Botanisch	Βοτανική
Container	Δοχείο
Essbar	Βρώσιμα
Exotisch	Εξωτικό
Feuchtigkeit	Υγρασία
Klima	Κλίμα
Kompost	Κοπρόχωμα
Laub	Φύλλωμα
Obstgarten	Περιβόλι
Saat	Σπόροι
Saisonal	Εποχιακή
Schlauch	Σωλήνα
Schmutz	Βρωμιά
Strauss	Μπουκέτο
Wasser	Νερό

Gebäude
Κτίρια

Bauernhof	Αγρόκτημα
Botschaft	Πρεσβεία
Fabrik	Εργοστάσιο
Garage	Γκαράζ
Haus	Σπίτι
Herberge	Ξενώνασ
Hotel	Ξενοδοχείο
Kabine	Καμπίνα
Krankenhaus	Νοσοκομείο
Labor	Εργαστήριο
Museum	Μουσείο
Observatorium	Παρατηρητήριο
Scheune	Αχυρώνα
Schule	Σχολείο
Stadion	Στάδιο
Supermarkt	Μάρκετ
Theater	Θέατρο
Turm	Πύργοσ
Universität	Πανεπιστήμιο
Zelt	Σκηνή

Gemüse
Λαχανικά

Artischocke	Αγκινάρα
Aubergine	Μελιτζάνα
Blumenkohl	Κουνουπίδι
Brokkoli	Μπρόκολο
Erbse	Μπιζέλι
Gurke	Αγγούρι
Ingwer	Τζίντζερ
Karotte	Καρότο
Kartoffel	Πατάτα
Knoblauch	Σκόρδο
Kürbis	Κολοκύθα
Olive	Ελιά
Petersilie	Μαϊντανόσ
Pilz	Μανιτάρι
Rübe	Γογγύλι
Salat	Σαλάτα
Sellerie	Σέλινο
Spinat	Σπανάκι
Tomate	Ντομάτα
Zwiebel	Κρεμμύδι

Geographie
Γεωγραφία

Atlas	Άτλαντα
Äquator	Ισημερινόσ
Berg	Βουνό
Fluss	Ποταμόσ
Gebiet	Έδαφοσ
Hemisphäre	Ημισφαίριο
Höhe	Υψόμετρο
Insel	Νησί
Karte	Χάρτη
Kontinent	Ήπειροσ
Land	Χώρα
Längengrad	Γεωγραφικό
Meer	Θάλασσα
Meridian	Μεσημβρινό
Norden	Βορρά
Ozean	Ωκεανόσ
Region	Περιοχή
Stadt	Πόλη
Welt	Κόσμο
West	Δύση

Geologie
Γεωλογία

Erdbeben	Σεισμόσ
Erosion	Διάβρωση
Fossil	Απολίθωμα
Geschmolzen	Λιωμένο
Höhle	Σπήλαιο
Kalzium	Ασβέστιο
Kontinent	Ήπειροσ
Koralle	Κοράλλι
Kristalle	Κρύσταλλα
Lava	Λάβα
Mineralien	Ορυκτά
Plateau	Οροπέδιο
Quarz	Χαλαζία
Salz	Αλάτι
Säure	Οξύ
Stalagmiten	Σταλαγμιτεσ
Stalaktit	Σταλακτίτησ
Stein	Πέτρα
Vulkan	Ηφαίστειο
Zone	Ζώνη

Geometrie
Γεωμετρία

Anteil	Ποσοστό
Berechnung	Υπολογισμόσ
Dimension	Διάσταση
Dreieck	Τριγώνου
Durchmesser	Διάμετροσ
Gleichung	Εξίσωση
Horizontal	Οριζόντια
Höhe	Υψοσ
Kreis	Κύκλοσ
Kurve	Καμπύλη
Logik	Λογική
Masse	Μάζα
Nummer	Αριθμόσ
Oberfläche	Επιφάνεια
Parallel	Παράλληλη
Quadrat	Πλατεία
Segment	Τμήμα
Symmetrie	Συμμετρία
Theorie	Θεωρία
Winkel	Γωνία

Geschäft
Επιχείρηση

Arbeitgeber	Εργοδότη
Büro	Γραφείο
Chef	Αφεντικό
Einkommen	Εισόδημα
Fabrik	Εργοστάσιο
Finanzieren	Χρηματοδοτώ
Geld	Χρήμα
Geschäft	Κατάστημα
Gewinn	Κέρδοσ
Investition	Επένδυση
Karriere	Καριέρα
Kosten	Κόστοσ
Manager	Μάνατζερ
Rabatt	Έκπτωση
Steuern	Φόροι
Transaktion	Συναλλαγή
Verkauf	Πώληση
Ware	Εμπορεύματα
Währung	Νόμισμα
Wirtschaft	Οικονομικά

Gesundheit und Wellness #1
Υγεία και Ευεξία #1

Aktiv	Ενεργή
Apotheke	Φαρμακείο
Arzt	Διδάκτωρ
Bakterien	Βακτήρια
Entspannung	Χαλάρωση
Ergänzungen	Συμπληρώματα
Fraktur	Κάταγμα
Gewohnheit	Συνήθεια
Haltung	Στάση
Haut	Δέρμα
Hormone	Ορμόνη
Höhe	Υψοσ
Hunger	Πείνα
Klinik	Κλινική
Knochen	Οστά
Medizin	Ιατρική
Nerven	Νεύρα
Therapie	Θεραπεία
Verletzung	Τραυματισμό
Virus	Ιόσ

Gesundheit und Wellness #2
Υγεία και Ευεξία #2

Allergie	Αλλεργία
Anatomie	Ανατομία
Appetit	Όρεξη
Blut	Αίμα
Diät	Διατροφή
Energie	Ενέργεια
Genetik	Γενετική
Gesund	Υγιή
Gewicht	Ζυγίζω
Hygiene	Υγιεινή
Infektion	Μόλυνση
Kalorie	Θερμίδα
Krankenhaus	Νοσοκομείο
Krankheit	Αρρώστια
Massage	Μασάζ
Risiken	Κίνδυνοι
Schlafen	Κοιμάμαι
Sport	Αθλητική
Stress	Πίεση
Vitamin	Βιταμίνη

Gewürze

Μπαχαρικά

Anis	Γλυκάνισο
Bitter	Πικρή
Curry	Κάρυ
Fenchel	Μάραθο
Geschmack	Γεύση
Ingwer	Τζίντζερ
Kardamom	Κάρδαμο
Knoblauch	Σκόρδο
Lakritze	Γλυκόριζα
Muskatnuss	Μοσχοκάρυδο
Nelke	Γαρύφαλλο
Paprika	Πάπρικα
Pfeffer	Πιπέρι
Safran	Κροκοσ
Salz	Αλάτι
Sauer	Ξινή
Süss	Γλυκό
Vanille	Βανίλια
Zimt	Κανέλα
Zwiebel	Κρεμμύδι

Haartypen

Τύποι Μαλλιών

Blond	Ξανθά
Braun	Καφέ
Dick	Παχύ
Dünn	Λεπτή
Geflochten	Πλεγμένο
Gesund	Υγιή
Glatt	Ομαλή
Glänzend	Λαμπερά
Grau	Γκρι
Kahl	Φαλακρόσ
Kurz	Κοντό
Lang	Μακρύ
Locken	Μπούκλεσ
Lockig	Σγουρά
Schwarz	Μαύρο
Silber	Ασημένιο
Trocken	Ξηρό
Weich	Μαλακό
Weiss	Λευκό
Zöpfe	Πλεξούδεσ

Haus

Σπίτι

Besen	Σκούπα
Bibliothek	Βιβλιοθήκη
Dach	Στέγη
Dachboden	Σοφίτα
Decke	Ταβάνι
Dusche	Ντουσ
Fenster	Παράθυρο
Garage	Γκαράζ
Garten	Κήποσ
Kamin	Τζάκι
Küche	Κουζίνα
Lampe	Λάμπα
Möbel	Έπιπλα
Schlafzimmer	Υπνοδωμάτιο
Schornstein	Καμινάδα
Spiegel	Καθρεφτησ
Tür	Πόρτα
Wand	Τοίχοσ
Zaun	Φρακτησ
Zimmer	Δωμάτιο

Haustiere

Κατοικίδια

Eidechse	Σαύρα
Essen	Τροφή
Fisch	Ψάρι
Hamster	Χάμστερ
Hase	Κουνέλι
Hund	Σκύλοσ
Katze	Γάτα
Kätzchen	Γατάκι
Kragen	Κολάρο
Krallen	Νύχια
Kuh	Αγελάδα
Leine	Λουρί
Maus	Ποντίκι
Papagei	Παπαγάλοσ
Schildkröte	Χελώνα
Schwanz	Ουρά
Tierarzt	Κτηνίατροσ
Wasser	Νερό
Welpe	Κουτάβι
Ziege	Γίδα

Ingenieurwesen

Μηχανική

Achse	Άξονασ
Antrieb	Ώθηση
Berechnung	Υπολογισμόσ
Diagramm	Διάγραμμα
Diesel	Ντίζελ
Durchmesser	Διάμετροσ
Energie	Ενέργεια
Flüssigkeit	Υγρό
Getriebe	Γρανάζια
Konstruktion	Κατασκευή
Maschine	Μηχανή
Messung	Μέτρηση
Motor	Μοτέρ
Reibung	Τριβή
Stabilität	Σταθερότητα
Stärke	Δύναμη
Struktur	Δομή
Tiefe	Βάθοσ
Verteilung	Διανομή
Winkel	Γωνία

Jazz

Τζαζ

Album	Άλμπουμ
Alt	Παλιό
Applaus	Χειροκρότημα
Berühmt	Διάσημη
Favoriten	Αγαπημένα
Genre	Είδοσ
Komponist	Συνθέτη
Konzert	Συναυλία
Künstler	Καλλιτέχνησ
Lied	Τραγούδι
Musik	Μουσική
Neu	Νέα
Orchester	Ορχήστρα
Rhythmus	Ρυθμού
Schlagzeug	Τύμπανα
Solo	Σόλο
Stil	Στυλ
Talent	Ταλέντο
Technik	Τεχνική
Zusammensetzung	Σύνθεση

Kaffee
Καφές

Aroma	Άρωμα
Bitter	Πικρή
Creme	Κρέμα
Filter	Φίλτρο
Flüssigkeit	Υγρό
Geschmack	Γεύση
Getränk	Ποτό
Koffein	Καφεΐνη
Mahlen	Αλέθω
Milch	Γάλα
Morgen	Πρωί
Preis	Τιμή
Sauer	Όξινο
Schwarz	Μαύρο
Tasse	Κύπελλο
Ursprung	Προέλευση
Vielfalt	Ποικιλία
Wasser	Νερό
Zucker	Ζάχαρη

Kleidung
Ρούχα

Armband	Βραχιόλι
Bluse	Μπλούζα
Gürtel	Ζώνη
Halskette	Κολιέ
Handschuhe	Γάντια
Hemd	Πουκάμισο
Hose	Παντελόνι
Hut	Καπέλο
Jacke	Σακάκι
Jeans	Τζιν
Kleid	Φόρεμα
Mantel	Παλτό
Mode	Μόδα
Pullover	Πουλόβερ
Rock	Φούστα
Schal	Κασκόλ
Schlafanzug	Πιτζάμα
Schmuck	Κοσμήματα
Schuh	Παπούτσι
Schürze	Ποδιά

Kräuterkunde
Βοτανολογία

Aromatisch	Αρωματικό
Basilikum	Βασιλικού
Blume	Λουλούδι
Dill	Άνηθο
Estragon	Εστραγκόν
Fenchel	Μάραθο
Garten	Κήποσ
Geschmack	Γεύση
Grün	Πράσινο
Knoblauch	Σκόρδο
Kulinarisch	Μαγειρική
Lavendel	Λεβάντα
Majoran	Μαντζουράνα
Petersilie	Μαϊντανόσ
Qualität	Ποιότητα
Rosmarin	Δενδρολίβανο
Safran	Κροκοσ
Thymian	Θυμάρι
Vorteilhaft	Ευεργετική
Zutat	Συστατικό

Kreativität
Δημιουργικότητα

Ausdruck	Έκφραση
Authentizität	Αυθεντικότητα
Bild	Εικόνα
Dramatisch	Δραματική
Eindruck	Εντύπωση
Erfinderisch	Εφευρετική
Fähigkeit	Επιδεξιότητα
Flüssigkeit	Ρευστότητα
Gefühle	Συναισθήματα
Ideen	Ιδέα
Inspiration	Έμπνευση
Intensität	Ένταση
Intuition	Διαίσθηση
Klarheit	Σαφήνεια
Künstlerisch	Καλλιτεχνική
Phantasie	Φαντασία
Sensation	Αίσθηση
Spontan	Αυθόρμητη
Visionen	Οράματα
Vitalität	Ζωτικότητα

Kunst
Τέχνη

Ausdruck	Έκφραση
Einfach	Απλόσ
Gegenstand	Θέμα
Gemälde	Ζωγραφική
Inspiriert	Εμπνευσμένη
Keramik	Κεραμική
Komplex	Σύνθετη
Original	Αρχική
Persönlich	Προσωπικό
Poesie	Ποίηση
Schaffen	Δημιουργώ
Skulptur	Γλυπτική
Stimmung	Διάθεση
Surrealismus	Σουρεαλισμόσ
Symbol	Σύμβολο
Visuell	Οπτική
Zusammensetzung	Σύνθεση

Küche
Κουζίνα

Essen	Τροφή
Essstäbchen	Ξυλάκια
Gabeln	Πιρούνια
Gewürze	Μπαχαρικό
Grill	Σχάρα
Kelle	Κουτάλα
Krug	Κανάτα
Kühlschrank	Ψυγείο
Löffel	Κουτάλια
Messer	Μαχαίρια
Ofen	Φούρνοσ
Rezept	Συνταγή
Schürze	Ποδιά
Schüssel	Μπολ
Schwamm	Σφουγγάρι
Serviette	Χαρτοπετσέτα
Tassen	Κύπελλα
Wasserkocher	Βραστήρασ

Landschaften
Τοπία

Berg	Βουνό
Eisberg	Παγόβουνο
Fluss	Ποταμόσ
Gletscher	Παγετώνασ
Golf	Κόλποσ
Halbinsel	Χερσόνησο
Höhle	Σπήλαιο
Hügel	Λόφο
Insel	Νησί
Lagune	Λιμνοθάλασσα
Meer	Θάλασσα
Oase	Όαση
See	Λίμνη
Strand	Παραλία
Sumpf	Βάλτοσ
Tal	Κοιλάδα
Tundra	Τούνδρα
Vulkan	Ηφαίστειο
Wasserfall	Καταρράκτη
Wüste	Ερήμου

Länder #1
Χώρες #1

Ägypten	Αίγυπτοσ
Brasilien	Βραζιλία
Deutschland	Γερμανία
Finnland	Φινλανδία
Indien	Ινδία
Irak	Ιράκ
Israel	Ισραήλ
Italien	Ιταλία
Kambodscha	Καμπότζη
Kanada	Καναδά
Lettland	Λετονία
Mali	Μάλι
Nicaragua	Νικαράγουα
Norwegen	Νορβηγία
Polen	Πολωνία
Rumänien	Ρουμανία
Senegal	Σενεγάλη
Spanien	Ισπανία
Venezuela	Βενεζουέλα
Vietnam	Βιετνάμ

Länder #2
Χώρες #2

Albanien	Αλβανία
Äthiopien	Αιθιοπία
Frankreich	Γαλλία
Griechenland	Ελλάδα
Haiti	Αϊτή
Irland	Ιρλανδία
Jamaika	Τζαμάικα
Japan	Ιαπωνία
Kenia	Κένυα
Laos	Λάοσ
Liberia	Λιβερία
Mexiko	Μεξικό
Nepal	Νεπάλ
Nigeria	Νιγηρία
Pakistan	Πακιστάν
Russland	Ρωσία
Sudan	Σουδάν
Syrien	Συρία
Uganda	Ουγκάντα
Ukraine	Ουκρανία

Literatur
Λογοτεχνία

Analogie	Αναλογία
Analyse	Ανάλυση
Anekdote	Ανέκδοτο
Autor	Συγγραφέασ
Beschreibung	Περιγραφή
Biographie	Βιογραφία
Dialog	Διάλογοσ
Erzähler	Αφηγητήσ
Fiktion	Φαντασία
Gedicht	Ποίημα
Genre	Είδοσ
Metapher	Μεταφορά
Poetisch	Ποιητική
Rhythmus	Ρυθμού
Roman	Μυθιστόρημα
Schlussfolgerung	Συμπέρασμα
Stil	Στυλ
Thema	Θέμα
Tragödie	Τραγωδία
Vergleich	Σύγκριση

Mathematik
Μαθηματικά

Arithmetik	Αριθμητική
Bruchteil	Κλάσμα
Dezimal	Δεκαδικό
Dreieck	Τριγώνου
Durchmesser	Διάμετροσ
Exponent	Εκθέτη
Geometrie	Γεωμετρία
Gleichung	Εξίσωση
Kugel	Σφαίρα
Parallel	Παράλληλη
Polygon	Πολύγωνο
Quadrat	Πλατεία
Radius	Ακτίνα
Rechteck	Ορθογώνιο
Senkrecht	Κάθετοσ
Summe	Άθροισμα
Symmetrie	Συμμετρία
Umfang	Περιφέρεια
Volumen	Ένταση
Winkel	Γωνία

Meditation
Διαλογισμός

Annahme	Αποδοχή
Atmung	Αναπνοή
Aufmerksamkeit	Προσοχή
Bewegung	Κίνηση
Dankbarkeit	Ευγνωμοσύνη
Einblick	Διορατικότητα
Freundlichkeit	Καλοσύνη
Frieden	Ειρήνη
Gedanken	Σκέψη
Geistig	Ψυχική
Glück	Ευτυχία
Klarheit	Σαφήνεια
Mitgefühl	Συμπόνια
Musik	Μουσική
Natur	Φύση
Perspektive	Προοπτική
Ruhig	Ηρεμία
Stille	Σιωπή
Verstand	Μυαλό
Wach	Ξύπνησε

Menschlicher Körper
Ανθρώπινο Σώμα

Bein	Πόδι
Blut	Αίμα
Ellbogen	Αγκώνα
Finger	Δάχτυλο
Gehirn	Μυαλό
Gesicht	Πρόσωπο
Hals	Λαιμόσ
Hand	Χέρι
Haut	Δέρμα
Herz	Καρδιά
Kiefer	Σαγόνι
Kinn	Πηγούνι
Knie	Γόνατο
Knöchel	Αστράγαλοσ
Kopf	Κεφάλι
Mund	Στόμα
Nase	Μύτη
Ohr	Αυτί
Schulter	Ώμοσ
Zunge	Γλώσσα

Messungen
Μετρήσεις

Breite	Πλάτοσ
Byte	Ψηφιολεξη
Dezimal	Δεκαδικό
Gewicht	Ζυγίζω
Grad	Βαθμόσ
Gramm	Γραμμάριο
Höhe	Υψοσ
Kilogramm	Χιλιόγραμμο
Kilometer	Χιλιόμετρο
Länge	Μήκοσ
Liter	Λίτρο
Masse	Μάζα
Meter	Μέτρο
Minute	Λεπτό
Tiefe	Βάθοσ
Tonne	Τόνοσ
Unze	Ουγγιά
Volumen	Ένταση
Zentimeter	Εκατοστό
Zoll	Ίντσα

Mode
Μόδα

Bescheiden	Μέτριο
Boutique	Μπουτίκ
Einfach	Απλόσ
Elegant	Κομψό
Erschwinglich	Προσιτή
Komfortabel	Άνετο
Minimalistisch	Μινιμαλιστικό
Modern	Μοντέρνο
Muster	Μοτίβο
Original	Αρχική
Praktisch	Πρακτική
Spitze	Δαντέλα
Stickerei	Κέντημα
Stil	Στυλ
Stoff	Ύφασμα
Tasten	Κουμπιά
Teuer	Ακριβά
Textur	Υφή
Trend	Τάση

Musik
Μουσική

Album	Άλμπουμ
Ballade	Μπαλάντα
Chor	Χορωδία
Harmonie	Αρμονία
Harmonisch	Αρμονική
Improvisieren	Αυτοσχεδιάσει
Instrument	Όργανο
Klassisch	Κλασική
Lyrisch	Λυρική
Melodie	Μελωδία
Mikrofon	Μικρόφωνο
Musical	Μουσική
Musiker	Μουσικόσ
Oper	Όπερα
Poetisch	Ποιητική
Rhythmisch	Ρυθμική
Rhythmus	Ρυθμού
Sänger	Τραγουδιστήσ
Singen	Τραγουδώ
Tempo	Τέμπο

Musikinstrumente
Μουσικά Όργανα

Banjo	Μπάντζο
Cello	Βιολοντσέλο
Fagott	Φαγκότο
Flöte	Φλάουτο
Geige	Βιολί
Gitarre	Κιθάρα
Gong	Γκονγκ
Harfe	Άρπα
Klarinette	Κλαρινέτο
Klavier	Πιάνο
Mandoline	Μαντολίνο
Marimba	Μαρίμπα
Mundharmonika	Φυσαρμόνικα
Oboe	Όμποε
Posaune	Τρομπόνι
Saxophon	Σαξόφωνο
Schlagzeug	Κρούση
Tamburin	Ντέφι
Trommel	Τύμπανο
Trompete	Τρομπέτα

Mythologie
Μυθολογία

Archetyp	Αρχέτυπο
Blitz	Αστραπή
Donner	Βροντή
Eifersucht	Ζήλια
Held	Ήρωασ
Heldin	Ηρωίδα
Katastrophe	Καταστροφή
Kreation	Δημιουργία
Kreatur	Πλάσμα
Krieger	Πολεμιστήσ
Kultur	Πολιτισμόσ
Labyrinth	Λαβύρινθοσ
Legende	Θρύλοσ
Magisch	Μαγικό
Monster	Τέρασ
Rache	Εκδίκηση
Stärke	Δύναμη
Sterblich	Θνητόσ
Unsterblichkeit	Αθανασία
Verhalten	Συμπεριφορά

Natur
Φύση

Arktis	Αρκτική
Berge	Βουνά
Bienen	Μέλισσεσ
Dynamisch	Δυναμική
Erosion	Διάβρωση
Fluss	Ποταμόσ
Friedlich	Ειρηνική
Gletscher	Παγετώνασ
Heiligtum	Ιερό
Heiter	Γαλήνιο
Laub	Φύλλωμα
Lebenswichtig	Ζωτική
Nebel	Ομίχλη
Schönheit	Ομορφιά
Schutz	Καταφύγιο
Tiere	Ζώα
Tropisch	Τροπική
Wald	Δασοσ
Wild	Άγριο
Wüste	Ερήμου

Obst
Φρούτα

Ananas	Ανανά
Apfel	Μήλο
Aprikose	Βερίκοκο
Avocado	Αβοκάντο
Banane	Μπανάνα
Beere	Μούρο
Birne	Αχλάδι
Grapefruit	Γκρέιπφρουτ
Himbeere	Βατόμουρο
Kirsche	Κεράσι
Kiwi	Ακτινίδιο
Kokosnuss	Καρύδα
Melone	Πεπόνι
Nektarine	Νεκταρίνι
Orange	Πορτοκάλι
Papaya	Παπάγια
Pfirsich	Ροδάκινο
Pflaume	Δαμάσκηνο
Traube	Σταφύλι
Zitrone	Λεμόνι

Ozean
Ωκεανός

Aal	Χέλι
Auster	Στρείδι
Boot	Βάρκα
Delfin	Δελφίνι
Fisch	Ψάρι
Garnele	Γαρίδα
Gezeiten	Παλίρροια
Hai	Καρχαρίασ
Koralle	Κοράλλι
Krabbe	Καβούρι
Krake	Χταπόδι
Qualle	Μέδουσεσ
Riff	Ξέρα
Salz	Αλάτι
Schildkröte	Χελώνα
Schwamm	Σφουγγάρι
Sturm	Καταιγίδα
Thunfisch	Τόνοσ
Wal	Φάλαινα
Wellen	Κύματα

Ökologie
Οικολογία

Art	Είδοσ
Berge	Βουνά
Dürre	Ξηρασία
Fauna	Πανίδα
Flora	Χλωρίδα
Freiwillige	Εθελοντέσ
Gemeinschaft	Κοινότητα
Global	Παγκόσμια
Klima	Κλίμα
Marine	Θαλάσσιο
Nachhaltig	Βιώσιμη
Natur	Φύση
Natürlich	Φυσική
Pflanzen	Φυτά
Ressourcen	Πόρων
Überleben	Επιβίωση
Vegetation	Βλάστηση
Vielfalt	Ποικιλία

Pflanzen
Φυτά

Bambus	Μπαμπού
Baum	Δέντρο
Beere	Μούρο
Blatt	Φύλλο
Blume	Λουλούδι
Blütenblatt	Πέταλο
Bohne	Φασόλι
Botanik	Βοτανική
Dünger	Λίπασμα
Efeu	Κισσόσ
Flora	Χλωρίδα
Garten	Κήποσ
Gras	Γρασίδι
Kaktus	Κάκτοσ
Kraut	Βότανο
Laub	Φύλλωμα
Moos	Βρύα
Vegetation	Βλάστηση
Wald	Δασοσ
Wurzel	Ρίζα

Philanthropie
Φιλανθρωπία

Ehrlichkeit	Ειλικρίνεια
Finanzieren	Χρηματοδοτώ
Gemeinschaft	Κοινότητα
Geschichte	Ιστορία
Global	Παγκόσμια
Grosszügigkeit	Γενναιοδωρία
Gruppen	Ομαδεσ
Jugend	Νεολαία
Kinder	Παιδί
Kontakte	Επαφή
Menschen	Άνθρωποι
Menschheit	Ανθρωπότητα
Mission	Αποστολή
Mittel	Χρήματα
Nächstenliebe	Φιλανθρωπία
Öffentlich	Δημόσιοσ
Programme	Προγράμματα
Ziele	Στόχοι

Physik
Φυσική

Atom	Άτομο
Beschleunigung	Επιτάχυνση
Chaos	Χάοσ
Chemisch	Χημική
Dichte	Πυκνότητα
Elektron	Ηλεκτρόνιο
Experiment	Πείραμα
Formel	Τύποσ
Frequenz	Συχνότητα
Gas	Αέριο
Geschwindigkeit	Ταχύτητα
Magnetismus	Μαγνητισμόσ
Masse	Μάζα
Mechanik	Μηχανική
Molekül	Μόριο
Motor	Μηχανή
Nuklear	Πυρηνική
Partikel	Σωματίδιο
Relativität	Σχετικότητα
Universal	Καθολική

Regierung
Κυβέρνηση

Bezirk	Περιοχή
Demokratie	Δημοκρατία
Denkmal	Μνημείο
Diskussion	Συζήτηση
Dissens	Διαφωνία
Freiheit	Ελευθερία
Friedlich	Ειρηνική
Gerechtigkeit	Δικαιοσύνη
Gesetz	Δίκαιο
Gleichheit	Ισότητα
Justiziell	Δικαστική
Nation	Έθνοσ
Politik	Πολιτική
Rechte	Δικαιώματα
Rede	Ομιλία
Staat	Κατάσταση
Symbol	Σύμβολο
Unabhängigkeit	Ανεξαρτησία
Verfassung	Σύνταγμα
Zivil	Δημόσια

Restaurant #2
Εστιατόριο #2

Abendessen	Δείπνο
Eis	Πάγοσ
Fisch	Ψάρι
Frucht	Φρούτο
Gabel	Πιρούνι
Gemüse	Λαχανικά
Getränk	Ποτό
Gewürze	Μπαχαρικό
Kellner	Σερβιτόροσ
Köstlich	Νόστιμο
Kuchen	Κέικ
Löffel	Κουτάλι
Mittagessen	Γεύμα
Nudeln	Λαζάνια
Salat	Σαλάτα
Salz	Αλάτι
Stuhl	Καρέκλα
Suppe	Σούπα
Vorspeise	Ορεκτικό
Wasser	Νερό

Säugetiere
Θηλαστικά

Affe	Μαϊμού
Bär	Αρκούδα
Biber	Κάστορασ
Elefant	Ελέφαντασ
Fuchs	Αλεπού
Giraffe	Καμηλοπάρδαλη
Gorilla	Γορίλασ
Hund	Σκύλοσ
Känguru	Καγκουρό
Kojote	Κογιότ
Löwe	Λιοντάρι
Panther	Πάνθηρασ
Pferd	Άλογο
Ratte	Αρουραίοσ
Schaf	Πρόβατο
Stier	Ταύροσ
Tiger	Τίγρη
Wal	Φάλαινα
Wolf	Λύκοσ
Zebra	Ζέβρα

Schokolade
Σοκολάτα

Aroma	Άρωμα
Bitter	Πικρή
Erdnüsse	Φιστίκια
Exotisch	Εξωτικό
Favorit	Αγαπημένοσ
Geschmack	Γεύση
Handwerklich	Βιοτεχνική
Kakao	Κακάο
Kalorien	Θερμίδεσ
Karamell	Καραμέλα
Kokosnuss	Καρύδα
Köstlich	Νόστιμο
Pulver	Σκόνη
Qualität	Ποιότητα
Rezept	Συνταγή
Süss	Γλυκό
Zucker	Ζάχαρη
Zutat	Συστατικό

Schönheit
Ομορφιά

Anmut	Χάρη
Charme	Γοητεία
Dienstleistungen	Υπηρεσία
Duft	Άρωμα
Elegant	Κομψό
Eleganz	Κομψότητα
Farbe	Χρώμα
Fotogen	Φωτογενησ
Glatt	Ομαλή
Haut	Δέρμα
Kosmetik	Καλλυντικά
Lippenstift	Κραγιόν
Locken	Μπούκλεσ
Öle	Έλαια
Produkte	Προϊόν
Schere	Ψαλίδι
Shampoo	Σαμπουάν
Spiegel	Καθρεφτησ
Stylist	Στυλίστασ
Wimperntusche	Μάσκαρα

Science Fiction
Επιστημονική Φαντασία

Bücher	Βιβλια
Chemikalien	Χημική
Dystopie	Δυστοπία
Explosion	Έκρηξη
Extrem	Άκρο
Fern	Μακρινό
Feuer	Φωτιά
Futuristisch	Φουτουριστικό
Galaxie	Γαλαξίασ
Geheimnisvoll	Μυστηριώδησ
Illusion	Ψευδαίσθηση
Imaginär	Φανταστικό
Orakel	Μαντείο
Planet	Πλανήτησ
Realistisch	Ρεαλιστική
Roboter	Ρομπότ
Szenario	Σενάριο
Technologie	Τεχνολογία
Utopie	Ουτοπία
Welt	Κόσμο

Sport
Αθλητισμός

Athlet	Αθλητήσ
Baseball	Μπέιζμπολ
Basketball	Μπάσκετ
Bewegung	Κίνηση
Eishockey	Χόκεϊ
Fahrrad	Ποδήλατο
Gewinner	Νικητήσ
Golf	Γκολφ
Gymnasium	Γυμνάσιο
Gymnastik	Γυμναστική
Mannschaft	Ομάδα
Meisterschaft	Πρωτάθλημα
Schiedsrichter	Διαιτητήσ
Spiel	Παιχνίδι
Spieler	Παίκτη
Stadion	Στάδιο
Tennis	Τένισ
Trainer	Προπονητήσ

Stadt
Πόλη

Apotheke	Φαρμακείο
Bank	Τράπεζα
Bäckerei	Αρτοποιείο
Bibliothek	Βιβλιοθήκη
Blumenhändler	Ανθοπωλείο
Buchhandlung	Βιβλιοπωλείο
Flughafen	Αεροδρόμιο
Galerie	Συλλογή
Hotel	Ξενοδοχείο
Klinik	Κλινική
Markt	Αγορά
Museum	Μουσείο
Restaurant	Εστιατόριο
Salon	Σαλόνι
Schule	Σχολείο
Stadion	Στάδιο
Supermarkt	Μάρκετ
Theater	Θέατρο
Universität	Πανεπιστήμιο
Zoo	Ζωολογικό

Tage und Monate
Ημέρες και Μήνες

August	Αυγούστου
Dezember	Δεκεμβρίου
Dienstag	Τρίτη
Donnerstag	Πέμπτη
Februar	Φεβρουαρίου
Freitag	Παρασκευή
Jahr	Ετοσ
Januar	Ιανουαρίου
Juli	Ιουλίου
Juni	Ιουνίου
Kalender	Ημερολόγιο
Mittwoch	Τετάρτη
Monat	Μήνασ
Montag	Δευτέρα
November	Νοεμβρίου
Oktober	Οκτωβρίου
Samstag	Σάββατο
September	Σεπτεμβρίου
Sonntag	Κυριακή
Woche	Εβδομάδα

Tanzen
Χορός

Akademie	Ακαδημία
Anmut	Χάρη
Ausdrucksvoll	Εκφραστική
Bewegung	Κίνηση
Choreographie	Χορογραφία
Emotion	Συγκίνηση
Freudig	Χαρούμενο
Haltung	Στάση
Klassisch	Κλασική
Körper	Σώμα
Kultur	Πολιτισμόσ
Kulturell	Πολιτιστική
Kunst	Τέχνη
Musik	Μουσική
Partner	Παρτενέρ
Probe	Πρόβα
Rhythmus	Ρυθμού
Traditionell	Παραδοσιακή
Visuell	Οπτική

Universum
Σύμπαν

Asteroid	Αστεροειδήσ
Astronom	Αστρονόμοσ
Astronomie	Αστρονομία
Atmosphäre	Ατμόσφαιρα
Äquator	Ισημερινόσ
Dunkelheit	Σκοτάδι
Galaxie	Γαλαξίασ
Hemisphäre	Ημισφαίριο
Himmel	Ουρανόσ
Himmlisch	Ουράνιο
Horizont	Ορίζοντα
Kosmisch	Κοσμική
Längengrad	Γεωγραφικό
Mond	Φεγγάρι
Orbit	Τροχιά
Sichtbar	Ορατή
Solar	Ηλιακή
Sonnenwende	Ηλιοστάσιο
Teleskop	Τηλεσκόπιο
Tierkreis	Ζώδιο

Urlaub #2
Διακοπές #2

Ausländisch	Ξένο
Berge	Βουνά
Camping	Κάμπινγκ
Flughafen	Αεροδρόμιο
Freizeit	Αναψυχή
Hotel	Ξενοδοχείο
Insel	Νησί
Karte	Χάρτη
Meer	Θάλασσα
Pass	Διαβατήριο
Reise	Ταξίδι
Restaurant	Εστιατόριο
Strand	Παραλία
Taxi	Ταξί
Transport	Μεταφορά
Visum	Βίζα
Zelt	Σκηνή
Ziel	Προορισμόσ
Zug	Τρένο

Vögel
Πουλιά

Adler	Αετόσ
Ei	Αυγό
Ente	Πάπια
Eule	Κουκουβάγια
Flamingo	Φλαμίνγκο
Gans	Χήνα
Huhn	Κοτόπουλο
Kuckuck	Κούκοσ
Möwe	Γλάροσ
Papagei	Παπαγάλοσ
Pelikan	Πελεκαν
Pfau	Παγώνι
Pinguin	Πιγκουίνοσ
Rabe	Κοράκι
Reiher	Ερωδιοσ
Schwan	Κύκνοσ
Spatz	Σπουργίτι
Storch	Πελαργόσ
Taube	Περιστέρι
Toucan	Τουκάν

Wandern
Πεζοπορία

Berg	Βουνό
Camping	Κάμπινγκ
Führer	Οδηγοί
Gipfel	Κορυφή
Karte	Χάρτη
Klima	Κλίμα
Klippe	Βράχο
Müde	Κουρασμένοσ
Natur	Φύση
Parks	Πάρκα
Schwer	Βαριά
Sonne	Ήλιοσ
Steine	Πέτρα
Stiefel	Μπότεσ
Tiere	Ζώα
Vorbereitung	Παρασκευή
Wasser	Νερό
Wetter	Καιρόσ
Wild	Άγριο

Wasser
Νερό

Bewässerung	Άρδευση
Dampf	Ατμού
Dusche	Ντουσ
Eis	Πάγοσ
Feucht	Υγρό
Feuchtigkeit	Υγρασία
Fluss	Ποταμόσ
Flut	Πλημμύρα
Frost	Παγωνιά
Hurrikan	Χιουρικανασ
Kanal	Κανάλι
Monsun	Μουσώνασ
Ozean	Ωκεανόσ
Regen	Βροχή
Schnee	Χιόνι
See	Λίμνη
Trinkbar	Πόσιμο
Verdunstung	Εξάτμιση
Wellen	Κύματα

Wetter
Καιρός

Atmosphäre	Ατμόσφαιρα
Blitz	Αστραπή
Brise	Αεράκι
Donner	Βροντή
Dürre	Ξηρασία
Eis	Πάγοσ
Himmel	Ουρανόσ
Hurrikan	Χιουρικανασ
Klima	Κλίμα
Monsun	Μουσώνασ
Nebel	Ομίχλη
Polar	Πολική
Regenbogen	Ουράνιο Τόξο
Ruhig	Ηρεμία
Sturm	Καταιγίδα
Temperatur	Θερμοκρασία
Trocken	Ξηρό
Tropisch	Τροπική
Wind	Άνεμοσ
Wolke	Σύννεφο

Wissenschaft
Επιστήμη

Atom	Άτομο
Chemisch	Χημική
Daten	Δεδομένα
Evolution	Εξέλιξη
Experiment	Πείραμα
Fossil	Απολίθωμα
Hypothese	Υπόθεση
Klima	Κλίμα
Labor	Εργαστήριο
Methode	Μέθοδοσ
Mineralien	Ορυκτά
Moleküle	Μόρια
Natur	Φύση
Organismus	Οργανισμόσ
Partikel	Σωματίδια
Pflanzen	Φυτά
Physik	Φυσική
Schwerkraft	Βαρύτητα
Tatsache	Γεγονόσ
Wissenschaftler	Επιστήμονασ

Wissenschaftliche Disziplinen
Επιστημονικοί Κλάδοι

Anatomie	Ανατομία
Archäologie	Αρχαιολογία
Astronomie	Αστρονομία
Biochemie	Βιοχημεία
Biologie	Βιολογία
Botanik	Βοτανική
Chemie	Χημεία
Geologie	Γεωλογία
Immunologie	Ανοσολογία
Kinesiologie	Κινησιολογία
Linguistik	Γλωσσολογία
Mechanik	Μηχανική
Mineralogie	Ορυκτολογία
Neurologie	Νευρολογία
Ökologie	Οικολογία
Physiologie	Φυσιολογία
Psychologie	Ψυχολογία
Soziologie	Κοινωνιολογία
Thermodynamik	Θερμοδυναμική
Zoologie	Ζωολογία

Zahlen
Αριθμοί

Acht	Οκτώ
Achtzehn	Δεκαοκτώ
Dezimal	Δεκαδικό
Drei	Τρία
Dreizehn	Δεκατρία
Fünf	Πέντε
Fünfzehn	Δεκαπέντε
Neun	Εννέα
Neunzehn	Δεκαεννέα
Null	Μηδέν
Sechs	Έξι
Sechzehn	Δεκαέξι
Sieben	Επτά
Siebzehn	Δεκαεπτά
Vier	Τέσσερα
Vierzehn	Δεκατέσσερα
Zehn	Δέκα
Zwanzig	Είκοσι
Zwei	Δύο
Zwölf	Δώδεκα

Zeit
Χρόνος

Gestern	Χθεσ
Heute	Σήμερα
Jahr	Ετοσ
Jahrhundert	Αιώνασ
Jahrzehnt	Δεκαετία
Jährlich	Ετήσια
Jetzt	Τώρα
Kalender	Ημερολόγιο
Minute	Λεπτό
Mittag	Μεσημέρι
Monat	Μήνασ
Morgen	Πρωί
Nach	Μετά
Nacht	Νύχτα
Stunde	Ώρα
Tag	Μέρα
Uhr	Ρολόι
Vor	Πριν
Woche	Εβδομάδα
Zukunft	Μέλλον

Zirkus
Τσίρκο

Affe	Μαϊμού
Akrobat	Ακροβάτησ
Ballons	Μπαλόνια
Clown	Κλόουν
Elefant	Ελέφαντασ
Fahrkarte	Εισιτήριο
Jongleur	Ζογκλέρ
Kostüm	Κοστούμι
Löwe	Λιοντάρι
Magie	Μαγεία
Musik	Μουσική
Parade	Παρέλαση
Tiere	Ζώα
Tiger	Τίγρη
Trick	Κόλπο
Unterhalten	Διασκεδάσει
Zauberer	Μάγοσ
Zelt	Σκηνή
Zuschauer	Θεατήσ

Gratuliere

Sie haben es geschafft !!

Wir hoffen, dass euch dieses Buch genauso viel Spaß gemacht hat wie uns dessen Herstellung. Wir tun unser Bestes, um qualitativ hochwertige Spiele zu erfinden. Diese Rätsel sind auf eine clevere Art und Weise entworfen, damit sie aktiv lernen und daran Vergnügen finden.

Hat ihnen das Buch gefallen ?

Eine einfache Bitte

Unsere Bücher existieren dank der Rezensionen, die sie veröffentlichen. Können sie uns helfen indem sie jetzt eine Meinung hinterlassen ?

Hier ist ein kurzer Link, der Sie zu ihrer Bewertungsseite führt

BestBooksActivity.com/Rezension50

MONSTER HERAUSFÖRDERUNGEN !

Herausförderung 1

Bereit für ihr Bonusspiel? Wir verwenden sie ständig, aber sie sind nicht einfach zu finden. Es sind die **Synonyme** !

Notieren sie 5 Wörter, die sie in den untenstehenden Rätseln (Nummer 21, 36 und 76) entdeckt haben und versuchen sie für jedes Wort 2 Synonyme zu finden .

*Notieren sie 5 Wörter aus **Rätsel 21***

Wörter	Synonym 1	Synonym 2

*Notieren sie 5 Wörter aus **Rätsel 36***

Wörter	Synonym 1	Synonym 2

*Notieren sie 5 Wörter aus **Rätsel 76***

Wörter	Synonym 1	Synonym 2

Herausförderung 2

Jetzt, wo sie warm sind, notieren sie 5 Wörter, die sie in jedem der untenaufgeführten Rätseln entdeckt haben (Nummer 9, 17 und 25) und versuchen sie für jedes Wort 2 Antonyme zu finden. Wie viele davon können sie binnen 20 Minuten finden ?

Notieren sie 5 Wörter aus ***Rätsel 9***

Wörter	Antonym 1	Antonym 2

Notieren sie 5 Wörter aus ***Rätsel 17***

Wörter	Antonym 1	Antonym 2

Notieren sie 5 Wörter aus ***Rätsel 25***

Wörter	Antonym 1	Antonym 2

Herausförderung 3

Wunderbar, diese Monster Herausförderung  wird kein Problem für sie sein !

Bereit für die letzte Herausförderung? Wählen sie ihre 10 Lieblingswörter aus, die sie in einem Rätsel entdeckt haben und notieren sie sie unten.

1.	6.
2.	7.
3.	8.
4.	9.
5.	10.

Die Aufgabe besteht nun darin mit diesen Wörtern und in maximal sechs Sätzen einen Text herzustellen über eine Person, ein Tier oder ein Ort den sie lieben !

Tipp : sie können die letzten leeren Seiten dieses Buches als Entwurf verwenden

Ihr Schreiben :

NOTIZBUCH :

AUF BALDIGES WIEDERSEHEN !

Linguas Classics

KOSTENLOSE
SPIELE
GENIESSEN
GO
BESTACTIVITYBOOKS.COM/FREEGAMES

www.ingramcontent.com/pod-product-compliance
Lightning Source LLC
Chambersburg PA
CBHW081708120626
46550CB00010B/3060
9798896700593